리사이클링으로 잡는 일본어

역발상일본어 ②

리사이클링으로 잡는 日本語

구태훈

HUMANMAKER

차례

제1부 버려야 할 일본어 뒤집어보기

프롤로그	9
몸과 기질	13
사람과 인간관계	23
의복과 소지품	34
일본 요리	44
서민의 음식	54
집과 가구	64
생활용품	76
행위와 놀이	87

모양과 상태	99
정치인의 뒷모습	112
건축	123
미용 · 의류 · 봉제	137
바둑	147
당구 · 낚시	161
무심코 쓰는 일본식 한자어	173

제2부 우리말이 된 일본어 다시보기

프롤로그	191
학문	195
교육	215
문화	230
사법	248
경제 · 경영	267
과학	287
공업 · 기술	307
의학	323

정치 · 행정	342
군사	360
예술 · 체육	378

제3부 빌 게이츠도 모르는 일본식 영어

1. 일본인이 만든 외래어	395
2. 일본식 준말	403
3. 정도가 심한 일본식 발음	408
4. 일본인이 짜 맞춘 외래어	411

프롤로그

불행하게도 우리는 일본의 침략을 당한 적이 있습니다. 일본은 한반도를 식민지로 삼고 36년 간 지배했습니다. 일본은 한국인에게 일본어를 쓰도록 강요했습니다. 일본어를 국어로 정하고 한국어는 사투리로 분류했습니다.

특히 일본 제국주의는 1930년대 중반부터 한국인을 일본인으로 만들려고 작정했습니다. '국어' 교육이 강화되었습니다. 특히 학교에서 '사투리'를 쓰지 못하도록 하고 오로지 '국어'만 쓰게 했습니다. 상호 감시체제도 강화했습니다. 어떤 학교 교사는 학생들에게 카드 10장 씩 나누어 주고, 무심코 한국어를 사용하는 학생을 발견하면 카드를 한 장 씩 빼앗도록 했습니다. 정기적으로 카드 검사를 했습니다. 카드가 없거나 적은 학생은 말로 표현하기 어려운 창피를 주거나 체벌을 가했습니다. 그 결과 일본어가 한국인의 생활 속에 자리를 잡았습니다.

　1945년 8월 15일 일본의 무조건 항복으로 한국은 일본의 지배에서 해방되었습니다. 하지만 그 후에도 이미 우리말이 된 일본어는 오랫동안 우리들의 생활 속에 살아 있었습니다. 해방 후 우리나라에서는 우리말을 가르치고 보급하면서 '우리말 도로 찾기'와 '일본어 쓰지 않기' 등의 운동을 벌여 아름다운 우리말을 쓰도록 하는 노력을 했습니다. 그 결과 많은 일본어 어휘가 사용되지 않게 되었습니다.

　그러면 이러한 노력으로 우리말에서 일본어 어휘가 모두 사라졌을까요? 유감스럽게도 그렇지 않습니다. '쓰메끼리' '간즈메' '네지' '다마' '가이당' '만땅' 등과 같이 일본어 발음 그대로 사용하던 말은 자취를 감췄지만, 아직도 우리들의 일상생활 속에서 무심코 쓰이는 일본말이 결코 적지 않습니다.

　우리가 쓰고 있는 일본말과 그 잔재는 하루빨리 우리말로 바꿔 써야 할 것입니다. 그런데 우리 생활 속의 일본말을 청산하려면 먼저 그것이 무엇인지, 또 어떻게 쓰이고 있는지 알아야 할 것입니다. 그래서 다시 '버려야 할 일본어'를 정리하면서 독자 여러분과 함께 그 말의 뿌리를 추적해 보기로 하겠습니다.

제1부

버려야 할 일본어 뒤집어보기

1

몸과 기질

❶ 영화 「베테랑」에서 재벌 2세(유아인 분)의 비리를 캐는 가난한 형사(황정민 분)가 다음과 같이 외칩니다. "우리가 돈이 없지 가오가 없냐?" 옛날 70~80년대 다방에는 으레 곱게 치장한 예쁜 얼굴의 '가오 마담'이 있었습니다. 그 마담은 중년의 남자 손님이 오면 '가오다시'를 하는 '간판마담'이었지요. '가오 마담'을 보러 다방에 '출근'하는 남자들도 꽤 있었습니다.

▶ かお(顔) = 얼굴 ; 체면 ; 면목
▶ かおマダム(顔マダム) = 가오 마담
▶ かおだし(顔出し) = 잠깐 얼굴을 내미는 일

□ まるいかお(丸い顔) = 둥근 얼굴

1. 몸과 기질 13

□ こわいかお(怖い顔) = 무서운 얼굴
　　□ あたらしいかお(新しい顔) = 새로운 얼굴
　　□ かおをあらう(顔を洗う) = 얼굴을 씻다
　　□ かおをだす(顔を出す) = 얼굴을 내밀다
　　□ かおをうる(顔を売る) = 얼굴이 팔리다
　　□ かおがたつ(顔が立つ) = 얼굴(체면)이 서다

❷ '아타마'는 본디 머리를 뜻하는 일본말인데, 우리나라에서는 '아타마가 나쁘다' '아타마가 안돌아 간다' '아타마가 돌았다' 등 주로 두뇌의 의미로 사용하는 경향이 있습니다.

▶ あたま(頭) = 머리 ; 두뇌 ; 꼭대기

　　□ あたまをかる(頭を刈る) = 머리를 깎다
　　□ あたまをつかう(頭を使う) = 머리를 사용하다
　　□ あたまにうかぶ(頭に浮かぶ) = 머리에 떠오르다
　　□ くぎのあたま(釘の頭) = 못대가리
　　□ あたまをあげる(頭を上げる) = 머리를 (쳐)들다
　　□ あたま(頭)がいい = 머리가 좋다

❸ 건축 현장에서는 나무 판이나 석고의 표면이라는 뜻으로 종종 "쓰라가 잘 맞나요?" "쓰라를 잘 맞춰야 일한 티가 나요"라는 말을 씁니다. 즉 나무나 석고 표면의 길이나 위치가 잘 맞았는지 확인하라는 의미이지요. 본디 '쓰라'는 かお(顔)의 속된 말로 낯짝을 뜻하는데, 물건의 표면을 뜻하는 말로 쓰이기도 합니다.

▶ つら(面) = 얼굴 ; 낯짝 ; 모양 ; (물건의) 표면

□ うわっつら(上っ面) = 겉모양 ; 외관
□ つらのかわ(面の皮) = 낯가죽
□ つらをよごす(面を汚す) = 체면을 더럽히다
□ つらはじをかく(面恥を搔く) = 창피를 당하다
□ なきつらになる(泣き面になる) = 울상이 되다

❹ 나이 든 사람들 중에는 불량배를 어깨를 뜻하는 일본어 '가타'라고 일컫는 사람이 의외로 많습니다. 일본인들도 불량배가 기세가 등등하게 뽐내며 걸어가는 것을 '어깨로 바람을 가르며 걷는다' = かたでかぜをきってあるく(肩で風を切って歩く)라고 표현합니다. 그런 감각이 그대로 받아들여져 '가타'가 불량배를 뜻하는 말이 되었을 것으로 여겨집니다.

1. 몸과 기질 15

▶ かた(肩) = 어깨

□ かたをたたく(肩を叩く) = 어깨를 두드리다
□ かたがこる(肩が凝る) = 어깨가 뻐근하다(결리다)
□ かたがかるくなる(肩が軽くなる) = 어깨가 가벼워지다
□ かたをかす(肩を貸す) = 힘을 빌려주다

❺ 나이가 지긋한 재봉사들은 다음과 같이 말합니다. "옷의 앞 '시리'가 길다" "바지의 뒤 '시리'가 길다" '시리(しり)'는 궁둥이를 뜻하는 일본말인데, 옷자락을 의미하기도 합니다. 재봉사는 '시리'를 옷자락의 의미로 사용했던 것이지요.

▶ しり(尻) = 궁둥이 ; 뒤 ; 끝 ; 옷자락

□ しりのかるいおんな(尻の軽い女)
  = 궁둥이(몸가짐)이 가벼운 여자
□ おんなのしりをおいまわす(女の尻を追い回す)
  = 여자의 꽁무니를 쫓아다니다
□ つえのしり(杖の尻) = 지팡이의 끝
□ しりをからげる(尻を絡げる) = 옷자락을 걷어 올리다

❻ 구멍 난 곳이나 흠이 있는 곳을 메워야 할 때 '메쿠라이한다'는 말을 씁니다. 특히 건축 현장에서 많이 쓰입니다. 그런데 '메쿠라'는 본디 장님(소경)을 뜻하는 일본말입니다. 일본인들도 지금은 めくら라는 말 대신에 'めのみえないひと(目の見えない人)'라는 말을 쓰고 있습니다. 우리도 장애인 앞에서 '메쿠라'라는 말을 입에 올려서는 안 될 것입니다.

▶ めくら(盲) = 장님 ; 소경

□ あきめくら(明き盲) = 문맹자 또는 사리에 밝지 못한 사람
□ めくらにちょうちん(盲に提灯) = 장님 등불 드나마나
□ めくらうち(盲打ち) = 목표도 없이 마구 휘둘러 침
□ めくらさがし(盲探し) = 손으로 더듬어 찾음(무턱대고 찾음)

❼ 앞뒤나 좌우 균형이 맞지 않을 때 '찜바가 난다'는 말을 의외로 많이 쓰고 있습니다. 이 말도 특히 건축 현장에서 많이 쓰입니다. 그런데 '찜바'는 절름발이를 뜻하는 일본말입니다. 위에서 언급한 めくら와 마찬가지로, 지금은 일본인들도 ちんば라는 말 대신에 'あしのふじゆうなひと(足の不自由な人)'라는 말을 쓰고 있습니다.

▶ ちんば(跛) = 절름발이

1. 몸과 기질 17

☐ ちんばのくつした(跛の靴下) = 짝짝이 양말

☐ ちんばのふうふ(跛の夫婦) = 잘 어울리지 않는 부부

☐ くつをかたちんばにはく(靴を片跛に履く)
= 구두를 짝짝이로 신다

❽ "무리를 했더니 요새 몸의 조시가 영 안 좋아" "소리를 들어보니 그 발동기 조시가 안 좋은 것 같은데?" 이와 같이 '조시'는 한국인들이 종종 몸이나 기계의 상태를 가리키는 말로 사용하고 있습니다.

▶ ちょうし(調子) = 가락 ; 기색 ; 정도

☐ ちょうしがあっていない(調子が合っていない)
= 가락(장단)이 맞지 않다

☐ からだのちょうし(体の調子) = 몸의 컨디션

☐ ちょうしがわるい(調子が悪い) = 상태가 나쁘다

☐ ちょうしのたかいさくひん(調子の高い作品) = 격조 높은 작품

❾ 어떤 사람이 행패를 부릴 때 또는 아이들이 심하게 투정을 부릴 때 '뗑깡을 부린다'고 말합니다. 이 말은 본디 간질병이나 지랄병을 뜻하는 일본어입니다. 우리가 가장 먼저 버려야 할 말 중의 하나일 것입니다.

▶ てんかん(癲癇) = 간질 ; 지랄병

□ てんかんをおこす(癲癇を起こす) = 간질을 일으키다
□ てんかんはほっさせいしっかん(癲癇は発作性疾患)
　= 간질은 발작성 질환

❿ 좋지 않은 성격이나 평상시에 드러나지 않은 나쁜 근성을 가리킬 때 '곤조가 있다'라는 말을 쓰는 사람이 의외로 많습니다. 또 이 말은 날카로운 성깔을 가리키는 말로도 쓰이고 있습니다. 그러나 이 말은 본디 근성을 나타내는 일본어입니다.

▶ こんじょう(根性) = 근성

□ すけべえこんじょう(助平根性) = 호색 근성
□ おりすけこんじょう(折助根性) = 하인 근성

1. 몸과 기질 19

- [ ] こじきこんじょう(乞食根性) = 거지 근성
- [ ] こんじょうのあるおとこ(根性の有る男) = 성깔이 있는 남자
- [ ] こんじょうがない (根性がない) = 끈기가 없다

❶ 사람들이 말합니다. "그 사람은 술만 먹으면 이곳저곳에 전화를 하는 쿠세가 있어" 쿠세는 본디 나쁜 버릇이나 습관을 뜻하는 일본말인데, 우리나라에서도 종종 그대로 쓰이고 있습니다.

▶ くせ(癖) = 버릇 ; 습관

- [ ] つめをかむくせ(爪を噛む癖) = 손톱을 깨무는 버릇
- [ ] わらいくせ(笑い癖) = 웃는 버릇
- [ ] くちぐせ(口癖) = 입버릇
- [ ] ねぐせ(寝癖) = 잠버릇
- [ ] さけぐせ(酒癖) = 술버릇
- [ ] くせ(癖)になる = 버릇이 되다

❷ 주변에서 다음과 같이 말하는 사람을 보았을 것입니다. "일이 이렇게 된 이상 앗싸리 단념하는 것이 좋을 것 같다" "그렇게 하려면 앗싸리 그만 두는 것이 낫다" 우리나라 사람들은 '앗사리'를 주로 '깨끗이' 또는 '완전히'라는 의미로 사용하고 있는 것 같습니다.

▶ あっさり = 담백하게 ; 산뜻하게 ; 시원스럽게

 □ あっさりした あじ(味) = 산뜻한 맛
 □ あっさりした せいかく(性格) = 시원시원한 성격
 □ あっさりまけた(負けた) = 간단하게 졌다

1. 몸과 기질

kotoba

くぎ(釘) = 못
かわ(皮) = 가죽
はじ(恥) = 수치
つえ(杖) = 지팡이
ちょうちん(提灯) = 등불
くつした(靴下) = 양말
ふうふ(夫婦) = 부부

さくひん(作品) = 작품
しっかん(疾患) = 질환
すけべえ(助平) = 호색가
こじき(乞食) = 거지
つめ(爪) = 손톱
あじ(味) = 맛
せいかく(性格) = 성격

あげる(上げる) = 들다
かる(刈る) = 깎다
つかう(使う) = 사용하다
うかぶ(浮かぶ) = 뜨다
よごす(汚す) = 더럽히다
かく(掻く) = 긁다
こわい(怖い) = 무섭다
あらう(洗う) = 씻다
たたく(叩く) = 두드리다

こる(凝る) = 엉기다
かす(貸す) = 빌려주다
おう(追う) = 쫓다
からげる(絡げる) = 걷어 올리다
さがす(探す) = 찾다
はく(履く) = 신다
おこす(起こす) = 일으키다
かむ(噛む) = 깨물다
まける(負ける) = 지다

2

사람과 인간관계

❶ 조폭, 깡패, 불량배 등을 야쿠자라고 부르지요. 유오성과 장동건이 주연을 맡은 영화 '친구'는 바로 야쿠자 세계를 그린 것입니다. 물론 야쿠자는 일본말이고, 일본의 야쿠자는 상하관계가 엄격하고 조직에 대한 충성심이 대단한 것으로 알려졌지요. 그런데 '야쿠자'라는 말 속에는 다양한 의미가 내포되어 있습니다.

▶ やくざ = 너절함 ; 불량배 ; 깡패 ; 노름꾼

□ やくざなにんげん(人間) = 쓸모없는 인간
□ やくざなせいかつ(生活) = 불건전한 생활
□ やくざなものばかりうる(やくざな物ばかり売る)
  = 너절한 물건만 판다

□ やくざもの(者) = 불량배
　　□ やくざのしゃかい(社会) = 주먹 세계

❷ 보통 '튀기'라고 하는 혼혈아를 은어로 '아이노코'라고 하는 사람이 있지요? 전형적인 한국인이 아닌 사람을 보면 "저 사람 혹시 아이노코 아냐?"라고 말합니다. 참고로 일본에는 오래 전부터 '아이노코'가 많았습니다. 16세기 중엽부터 서양인들이 필리핀에 거점을 두고 일본을 왕래하며 무역을 했기 때문에 혼혈아가 많이 태어났습니다.

▶ あいのこ(合の子) = 혼혈아 ; 잡종 ; 얼치기

　　□ あいのこをうむ(合の子を生む) = 혼혈아를 낳다
　　□ あいのこべんとう(合の子弁当) = 퓨전 도시락
　　□ あいのこぶね(合の子舟) = 일본식과 서양식을 절충한 배

❸ 공주 출신 친일파 김갑순이 썩어빠진 한말의 관리들을 보고 "みんなどろぼうだ(みんな泥棒だ)" 즉 "모두 도둑놈이다"라고 매도했다고 하지요? 이 말은 한때 유행어가 되었던 적이 있습니다. 지금 정치인이

나 공무원은 이런 말 듣지 않겠지요?

▶ どろぼう(泥棒) = 도둑

□ どろぼうがはいる(泥棒が入る) = 도둑이 들다
□ どろぼうにはいる(泥棒に入る) = 도둑질하러 들어가다
□ どろぼうをはたらく(泥棒を働く) = 도둑질하다

❹ 단국대학교 박물관장을 지내신 정영호 교수께서 하신 말씀입니다. 경주에서 고분 발굴을 하는데, 봉분을 반쯤 팠을 때 진로소주 뚜껑이 '발굴'되어서 큰 소동이 벌어졌답니다. 그때 발굴단장이 말했습니다. "호리꾼들이 벌써 다녀가셨네요." '호리꾼'이라는 말은 '파다'는 뜻의 일본말 'ほる'와 '꾼'이라는 우리말이 합성된 말입니다.

▶ ほる(掘る) = 파다 ; 캐다

□ あなをほる(穴を掘る) = 구멍을 파다
□ みぞをほる(溝を掘る) = 홈을 파다
□ ほりをほる(堀を掘る) = 해자를 파다
□ いもをほる(芋を掘る) = 감자를 캐다

2. 사람과 인간관계

❺ 유흥가에는 으레 호객꾼들이 있기 마련입니다. 이들을 은어로 '삐끼'라고 부릅니다. 이 말은 본디 일본어 'ひき'에서 온 것입니다. 'ひき'는 낚시꾼들이 낚시 줄을 잡아당기는 정도를 말할 때, 당구를 치는 사람들이 끌어치기 즉 공의 밑 부분을 쳐서 공을 거꾸로 돌게 하는 기술을 쓸 때 하는 말이기도 합니다.

▶ ひき(引き) = 끎 ; 당김 ; 연줄

  □ ひきがつよい(引きが強い) = 당기는 힘이 세다
  □ ぜんぴんごわりびき(全品五割引き) = 전품목 50% 세일
  □ ひきつれる(引き連れる) = 데리고 가다
  □ ぶかをひきつれる(部下を引き連れる) = 부하를 거느리다
  □ ちちのひきでしゅうしょくする(父の引きで就職する)
    = 아버지 연줄로 취직하다

❻ 얼마 전에 우리나라에서 소위 미투 열풍이 불었지요? 그런데 성폭력을 저지르지는 않았지만, 괜히 이 여자 저 여자 집적거리며 느끼한 눈빛으로 위아래를 훑어보는 자들이 있지요? 그런 자가 나타나면 "그 자는 스케베야. 조심할 필요가 있어"라고 수군거리지요?

▶ すけべえ(助平) = 호색가 ; 색골

□ すけべえなはなし(助平な話し) = 음란한 이야기
□ すけべえこんじょうをだす(助平根性を出す)
   = 호색 근성을 드러내다
□ なんてすけべえなやつだろう(何て助平な奴だろう)
   = 정말 지독한 호색한이군

❼ 어설픈 초보자를 '시로토'라고 합니다. 주로 기술자 집단에서 막 일을 배우기 시작한 풋내기 견습공을 이렇게 부르지요. 확실한 지식이나 기술 없이 어설프게 일하는 아마추어나 경험이 없는 사람을 일컫는 말이기도 합니다. 일본말을 그대로 사용하는 전형적인 예라고 할 수 있습니다.

▶ しろうと(素人) = 초심자 ; 풋내기 ↔ くろうと(玄人)

□ しろうとくさい(素人臭い) = 아마추어 티가 난다
□ しろうとげき(素人劇) = 아마추어 연극
□ しろうとのどじまん(素人喉自慢) = 아마추어 노래자랑

❽ 어떤 남자가 음란한 표정을 지으며 친구에게 말했습니다. "내 생각에는 그 여자 '아타라시'인 것 같아" 이때 '아타라시'는 성 경험이 없는 처녀의 은어로 사용된 것입니다. 신상품, 새것, 싱싱한 상태를 이르는 말로도 쓰입니다. 이 말은 '새롭다' '싱싱하다'는 뜻의 일본어 あたらしい를 그대로 사용한 예입니다.

▶ あたらしい(新しい) = 새롭다 ; 싱싱하다 ; 진보적 ↔ ふるい(古い)

□ あたらしいようふく(新しい洋服) = 새 양복
□ あたらしいさかな(新しい魚) = 싱싱한 생선
□ あたらしいしそう(新しい思想) = 진보적 사상
□ あたらしいかわぶくろにいれる(新しい革袋に入れる)
  = 새 가죽 부대에 담다

❾ 바보를 뜻하는 '바카'라는 말은 한국인에게 널리 알려진 말 중의 하나일 것입니다. "그 사람은 영 말귀를 못 알아들어요. 아마 바카인 것 같아요." 건축 현장에서도 볼트와 너트가 잘 안 맞아서 헛돌 때 "바카가 났다"고 합니다. 욕을 할 때는 종종 '바카야로'라는 말을 쓸 때도 있습니다.

▶ ばか(馬鹿) = 바보 ; 멍청이 ; 쓸모없음 ↔ りこう(利口)

□ うすばか(薄馬鹿) = 얼간이
□ ばかなめにあう(馬鹿な目に会う) = 어처구니없는 꼴을 당하다
□ ばかやろう(馬鹿野郎) = 바보 같은 놈(남자를 욕할 때)
□ ばかめろう(馬鹿女郎) = 바보 같은 년(여자를 욕할 때)
□ ばか(馬鹿)にする = 깔보다
□ ばか(馬鹿)にならない = 얕볼 수 없다
□ ばか(馬鹿)になる = 정상 기능을 잃다

❿ 요새도 계를 하는 사람들이 의외로 많습니다. 얼마 전 부산 엘시티 타워 뇌물 사건이 일어났을 때 매월 400만 원씩 불입하는 계 모임이 있었고, 그 '오야'가 유력한 정치인과 친밀한 '강남 아줌마'였다는 사실이 밝혀져 화제가 된 일이 있었지요? '오야'는 계의 중심이 되는 사람(계주) 또는 화투 같은 놀이나 도박에서 선을 잡은 사람의 뜻으로 쓰이고 있습니다. 화투에서 선을 잡으면 큰 소리 칩니다. "내가 오야야. 모두 오야 마음이야"

▶ おや(親) = 부모 ; 선조 ; 중심이 되는 사람 ; 계주

- □ おやにしなされる(親に死なされる) = 부모를 여의다
- □ おやだいだい(親代代) = 조상 대대
- □ おやかた(親方) = 우두머리 ; 공사판 인부들의 감독
- □ おやがいしゃ(親会社) = 모회사
- □ はなふだのおや(花札の親) = 화투 놀이의 선

⓫ 흔히 야쿠자 세계에서 우두머리를 '오야붕'이라고 하고, 그를 섬기는 자를 '꼬붕'이라고 합니다. 본디 '오야붕'은 부모처럼 보살펴 주는 사람이란 뜻을 가지고 있습니다. 그래서 부자지간이나 형제지간과 같은 끈끈한 인간관계를 형성하고, 특히 핏줄보다 진한 상하관계를 중요시하는 야쿠자 집단에서 '오야붕' '꼬붕' 관계가 이어지고 있는 것입니다.

- ▶ おやぶん(親分) = 부모처럼 의지하고 있는 사람 ; 의리로 결합된 무리의 우두머리
- ▶ こぶん(子分) = 부하 ; 아들 취급을 받는 사람

- □ おやぶんはだのおとこ(親分肌の男) = 두목 기질이 있는 사나이
- □ やくざのおやぶん(親分) = 불량배의 우두머리
- □ おやぶんかぶのひと(親分株の人) = 우두머리 격인 사람

□ おおさかいちのおおおやぶん(大阪一の大親分)
  = 오사카 일대에서 으뜸가는 왕초
□ おやぶんこぶんのさかずきをもらう(親分子分の杯を貰う)
  = 두목·부하의 인연을 맺다
□ こぶんをひきつれる(子分を引き連れる) = 부하를 거느리다
□ こぶんたちをよびあつめる(子分たちを呼び集める)
  = 부하들을 불러모으다

❷ 일제 강점기 서울은 청계천을 경계로 일본인 야쿠자들과 한국 깡패들의 '나와바리'가 정해져 있었습니다. 일본인 야쿠자들은 메이지초(明治町) 즉 지금의 명동과 こがねちょう(黄金町) 즉 지금의 을지로 일대를 '지배'했고, 김두한을 비롯한 조선의 깡패들은 주로 종로거리를 거점으로 하면서 상인들에게서 강제로 '세금을 거두어' 생활했습니다. 김두한 스스로 당시의 수입이 조선총독의 그것보다 많았다고 증언한 것을 보면 상인들에게서 상당히 많은 자릿세를 뜯었던 것 같습니다. '나와바리'는 본디 '새끼줄을 쳐서 경계를 정한다'는 뜻의 일본말인데, 이 말이 야쿠자들의 세력 범위를 뜻하는 말로 쓰이게 되었습니다. なわばりこんじょう(縄張り根性)라는 말은 세력 범위를 고수해서 남의 간섭이나 개입을 받아들이지 않는 완고한 기질을 말합니다. 일제 강점기 서울의 일본인 야쿠자들과 조선의 깡패들이 자주 패싸움을 벌였던 것도

결국은 '나와바리' 싸움이었던 셈이지요.

▶ なわばり(縄張り) = 새끼줄을 쳐서 경계를 정함 ;

     (야쿠자 등의) 세력권

□ とちになわばりをする(土地に縄張りをする)
 = 토지에 새끼줄을 치다
□ なわばりのあらそい(縄張りの争い) = 세력권 다툼
□ あいてのなわばりをあらす(相手の縄張りを荒す)
 = 상대방의 세력권을 침범하다

 **kotoba**

にんげん(人間) = 인간
せいかつ(生活) = 생활
やくざもの = 불량배
あな(穴) = 구멍
みぞ(溝) = 홈
ほり(堀) = 해자
いも(芋) = 감자
ぶか(部下) = 부하
ぜんぴん(全品) = 전 품목
しゅうしょく(就職) = 취직
ようふく(洋服) = 양복

のどじまん(喉自慢) = 노래자랑
しそう(思想) = 사상
かわぶくろ(革袋) = 가죽 부대
りこう(利口) = 영리함
おやかた(親方) = 우두머리
かいしゃ(会社) = 회사
はなふだ(花札) = 화투
はだ(肌) = 피부
さかずき(杯) = 술잔
とち(土地) = 토지
あらそい(争い) = 다툼

うむ(生む) = 낳다
はたらく(働く) = 일하다
ほる(掘る) = 파다

つれる(連れる) = 데리고 가다
あつめる(集める) = 모으다
あらす(荒す) = 황폐하게 하다

3

의복과 소지품

❶ "내 우와기 어디 있지? 내 우와기 좀 찾아줘" 나이 든 사람들은 한두 번쯤은 이와 같은 말을 들었을 것입니다. '우와기'는 주로 남자 양복 윗도리를 가리킬 때 쓰는 말입니다. 일본말 うわぎ는 윗도리라는 말과 함께 내복 위에 입는 겉옷이라는 뜻도 있습니다.

▶ うわぎ(上着) = 겉옷 ; 윗도리

☐ うわぎをはおる(上着を羽織る) = 겉옷을 걸쳐 입다
☐ ようふくのうわぎ(洋服の上着) = 양복의 윗도리
☐ うわぎをきる(上着を着る) = 윗도리를 입다

❷ 양복의 바지는 으레 '쓰봉'이려니 하고 생각하는 사람이 의외로 많습니다. 요사이 젊은이들이 바지를 팬츠라고 말하기 시작하면서 '쓰봉'이 일본말이라는 것을 알았다는 사람도 있습니다. 이 말은 16세기 말에 서양인이 일본을 왕래하면서 전해진 프랑스어 jupon을 일본인이 ズボン으로 발음한 것입니다.

▶ ズボン = 양복의 바지

□ はんズボン(半ズボン) = 반바지
□ はばひろのズボン(幅広のズボン) = 통바지
□ はばのせまいズボン(幅の狭いズボン) = 홀태바지
□ ズボンをはく(ズボンを穿く) = 바지를 입다

❖ 우리들은 바지를 '입다'라고 표현하지만, 일본인은 윗도리나 외투는 '입다' 즉 きる(着る)라고 말하고, ズボン은 はく(穿く)라고 구분해서 표현합니다. 윗도리나 외투는 '걸치는' 것이라는 감각, 바지는 '꿰는' 것이라는 감각으로 사용하고 있다는 것을 알 수 있습니다. 그래서 양말도 '꿰는' 것이기 때문에 穿く라는 단어를 사용합니다.

❸ 집에서 편하게 입을 수 있는 잠방이나 잠옷 바지를 '사루마타'라고 하는 사람이 많았습니다. 이 말은 본디 일본말로 원숭이를 뜻하는 さる(猿)와 다리의 가랑이를 뜻하는 また(股)가 합해져 형성된 어휘입니다. 16세기 중엽부터 서양인이 일본을 왕래하며 무역을 하였습니다. 그들은 일본의 나가사키(長崎)에 상관(商館)을 두고 그곳에 거주했는데, 일본인의 눈에는 몸에 털이 많이 난 서양인이 마치 원숭이처럼 보였던 모양입니다. 그래서 그들이 편하게 입는 헐렁한 속옷을 さるまた라고 일컬었던 것입니다

▶ さるまた(猿股) = 잠방이

  □ さるまたをはく(猿股を穿く) = 잠방이를 입다
  □ スカートをはく(スカートを穿く) = 스커트를 입다
  □ くつしたをはく(靴下を穿く) = 양말을 신다

❹ 모자와 관련된 일본말로 '도리우치'와 '나카오레'가 있습니다. '도리우치'는 영어의 'hunting cap'을 일본인들이 '새 잡을 때 쓰는 모자'라는 뜻으로 とりうちぼうし(鳥打ち帽子)라고 불렀는데, 그 말을 간단하게 とりうち라고 일컫게 된 것입니다. '나카오레'는 '가운데'를 뜻하는 なか(中)와 '꺾이다'는 뜻의 おれる(折れる)가 합성된 말입니다. 본

디 なかおれぼうし(中折れ帽子)라고 해야 하는데, 이 또한 일본인이 줄여서 なかおれ라고 불렀던 것입니다. '중절모자'라는 말은 'なかおれぼうし'를 한국어로 그대로 옮긴 것입니다.

▶ とりうち(鳥打ち) = 헌팅모자
▶ なかおれ(中折れ) = 중절모자

☐ うつ(打つ) = 치다
☐ たいこをうつ(太鼓を打つ) = 북을 치다
☐ くびをうつ(首を打つ) = 목을 치다
☐ ふいをうつ(不意を打つ) = 기습하다

☐ おれる(折れる) = 접히다
☐ かみのはしがおれる(紙の端が折れる) = 종이 끝이 접히다
☐ ほねがおれる(骨が折れる) = 뼈가 부러지다
☐ しんねんがおれる(信念が折れる) = 신념이 꺾이다

❺ 일본인 하면 떠오르는 말이 '게타'일 것입니다. '게타'는 일본인이 신는 나막신입니다. 일본인에게 '게타'는 생활의 일부분이라고 해도 과언이 아닐 것입니다. 우리나라 사람들도 자연스럽게 사용하는 말 중

의 하나입니다.

▶ げた(下駄) = (일본인이 신는) 나막신

□ たかげた(高下駄) = 굽이 높은 나막신
□ ぬりのげた(塗りの下駄) = 옻칠한 나막신
□ げたをあずける(下駄を預ける) = 상대에게 만사를 일임하다
□ げたをはかせる(下駄を穿かせる) = 실제보다 점수를 올리다
□ げたばきじゅうたく(下駄履き住宅)
   = 상가주택(1층이 점포 이층 이상이 주택)

❻ 양장점 주인이 손님에게 말했습니다. "분홍색 소데나시 참 잘 어울리시네요. 빨간색 나시 하나 더 사서 번갈아 입으세요." 여러분 알아들으셨습니까? 20여 년 전에는 우리들이 명동 한 복판에서 자연스럽게 쓰던 말입니다. '소데나시'는 소매라는 뜻의 そで와 '없다'는 뜻의 なし가 합쳐진 일본말입니다. '소데나시'를 줄여서 그냥 '나시'라고 하기도 합니다. '소데'와 관련된 말을 정리해 볼까요?

▶ そで(袖) = 소매

□ はんそで(半袖) = 반소매

□ ながそで(長袖) = 긴소매

□ しちぶそで(七分袖) = 칠부소매

□ そでなし(袖無し) = 민소매

□ そでぐち(袖口) = 소맷부리

□ そでうら(袖裏) = 소매 안감

□ そでをつける(袖を付ける) = 소매를 달다

□ そでにてをとおす(袖に手を通す) = 소매에 팔을 꿰다

□ そでをひっぱる(袖を引っ張る) = 소매를 잡아끌다

□ そで(袖)にする = 소홀히 하다

□ そでにすがる(袖に縋る) = 옷자락에 매달리다(도움을 청하다)

□ そでのした(袖の下) = 뇌물

□ そでをつらねる(袖を連ねる) = 행동을 함께하다

❼ 학생들이 교복을 입던 시절, 여학생들은 목덜미를 감싸는 '에리'에 신경을 많이 썼지요. '에리'가 누렇거나 꾸깃꾸깃하지 않도록 잘 빨고 다려서 입었습니다. 지금 생각하면 그냥 옷깃이라고 하면 되었을 것을 왜 '에리'라고 했는지 알 수 없습니다. 옷깃은 한복의 '에리'를 일컫

는 말이라고 알고 있었던 것 같습니다. 일제 강점기의 그림자가 너무 길지요?

▶ えり(襟) = 옷깃 ; 동정 ; 칼라

□ えりくび(襟首) = 목덜미
□ えりぐり(襟刳り) = 목둘레를 판 의복의 선
□ えりしん(襟芯) = 깃심 ; 깃 속에 넣는 빳빳한 천
□ えりまき(襟巻き) = 목도리

□ えりをたてる(襟を立てる) = 옷깃을 세우다
□ えりをただす(襟を正す) = 옷깃을 여미다(자세를 바로하다)
□ えりにつく(襟に付く) = 목덜미에 붙다(권세에 아부하다)

❽ "옷의 겉감도 중요하지만 '우라'를 잘 보셔야 해요" "맞아요! 우라가 잘 받쳐줘야 옷도 질기고 맵시가 나요" 옷가게 주인과 고객 사이에 이런 대화가 오가고 있었습니다. 의류·봉제·세탁업에 종사하는 분들도 '우라'라는 말을 자주 씁니다. 우리나라에서는 이 말이 주로 안감이라는 뜻으로 쓰이는데, 본디 이면·뒷면이라는 뜻의 일본말입니다.

▶ うら(裏) = 뒷면 ; 옷의 안감 ; 겉과 반대되는 일

□ うらおもて(裏表) = 안팎
□ うらがき(裏書き) = 배서 ; 이서
□ うらぎり(裏切り) = 배반
□ うらごえ(裏声) = 가성

□ あしのうら(足の裏) = 발바닥
□ きぬのうら(絹の裏) = 비단 안감
□ うらをあてる(裏を当てる) = 안감을 대다

❾ '가방'이라는 말은 본디 일본어지만 이미 우리말이 되었습니다. 이 말을 대신할 수 있는 우리말이 없기 때문에 버릴 수 없습니다. 그러나 '가방모치'와 같은 일본말은 하루 빨리 버리는 것이 좋을 것 같습니다.

▶ かばん(鞄) = 가방

□ かばんにいれる(鞄に入れる) = 가방에 넣다
□ かばんをせおう(鞄を背負う) = 가방을 메다

□ つかいふるしたかばん(使い古した鞄) = 오래 써서 낡은 가방
□ かばんもち(鞄持ち) = 상사의 가방을 들고 따라다니는 비서

 **kotoba**

はんズボン(半ズボン) = 반바지
はば(幅) = 폭
しょうかん(商館) = 상관
ぼうし(帽子) = 모자
じゅうたく(住宅) = 주택
ながそで(長袖) = 긴소매
はんそで(半袖) = 반소매
そでなし(袖無し) = 민소매

そでぐち(袖口) = 소맷부리
えりくび(襟首) = 목덜미
えりまき(襟巻き) = 목도리
うらおもて(裏表) = 안팎
うらがき(裏書き) = 배서
うらぎり(裏切り) = 배반
うらごえ(裏声) = 가성
きぬ(絹) = 비단

はおる(羽織る)
= 겉옷을 걸쳐 입다
きる(着る) = 입다
はく(穿く) = (바지를) 입다
おれる(折れる) = 꺾이다
ぬる(塗る) = 칠하다
あずける(預ける) = 맡기다
つける(付ける) = 붙이다

とおす(通す) = 통하다
ひっぱる(引っ張る) = 잡아끌다
すがる(縋る) = 매달리다
つらねる(連ねる) = 늘어놓다
たてる(立てる) = 세우다
ただす(正す) = 바로하다
あてる(当てる) = 맞히다
せおう(背負う) = 짊어지다

4

일본 요리

❶ 우리나라에서는 일본요리를 일식(日食)이라고 하지만 일본인들은 わしょく(和食)라고 합니다. '和' 자는 자기나라를 칭하는 やまと(大和)에서 왔습니다. 우리나라에도 일식집이 꽤 많이 생겼습니다. 일식집에 들어가 자리에 앉으면 종업원이 물과 '시보리'를 건네며 주문을 받습니다. 이때 '시보리'는 물수건이라는 뜻의 일본말입니다. しぼり는 (물 등을) '짜내다'를 뜻하는 しぼる의 명사형입니다. 우리들은 그냥 "시보리 좀 주세요"라고 하지만, 대부분의 일본인은 앞에 존칭어 'お'를 붙여 おしぼり라고 합니다.

▶ しぼり(絞り) = 짜다 ; 홀치기 염색 ; (사진기의) 조리개

☐ おしぼり(お絞り) = 물수건

☐ しぼりのきもの(絞りの着物) = 홀치기염색의 일본 옷
☐ しぼりをあわせる(絞りを合わせる) = 조리개를 맞추다
☐ ちえをしぼる(知恵を絞る) = 지혜를 짜내다

❷ 주문을 받을 때 종업원은 술은 무엇으로 할 것인지 묻습니다. 일식집에서는 일본 술로 하는 것이 격에 맞는 것 같은 기분이 듭니다. 잠시 후 종업원은 'おさけ'와 'つきだし'를 내어 놓습니다. 일본인들은 대개 さけ(酒) 앞에 존칭어 'お'를 붙여 'おさけ'라고 합니다. 'つきだし'는 일본 요리에서 처음에 내놓는 가벼운 반찬입니다.

▶ さけ(酒) = 술
▶ つきだし(突出し) = 전채(前菜) ; 입맛을 돋우는 곁들이 반찬

☐ あまいさけ(甘い酒) = 약한 술
☐ つよいさけ(強い酒) = 독한 술
☐ さけのさかな(酒の肴) = 술안주

☐ つきだしをだす(突出しを出す) = 전채를 내다
☐ つきだしかんばん(突出し看板) = 돌출 간판
☐ くびをつきだす(首を突き出す) = 목을 내밀다

❸ 손님들은 대개 맥주 아니면 일본 술을 주문합니다. 맥주를 주문할 때는 으레 "히야시된 걸로 주세요"라고 하지요? 위스키와 같은 양주를 주문할 때는 "미즈와리로 한 잔 주세요"라고 말합니다. 모두가 일본말입니다.

▶ ひやし(冷やし) = 차게 한 것
▶ みずわり(水割り) = 물을 타서 묽게 함

☐ ひやし(冷やし)ビール = 냉맥주
☐ ひやしそば(冷やし蕎麦) = 냉모밀국수
☐ ひやす(冷やす) = 차게하다

☐ みずわりさけ(水割り酒) = 물 탄 술
☐ ウイスキーのみずわり(水割り) = 물 탄 위스키

❹ 일본인은 날 생선을 무척 좋아합니다. 18세기 후반 일본에서 콜레라가 유행했습니다. 정부는 서민들에게 날 생선을 먹지 말라는 법령을 내렸습니다. 그러자 서민들은 생선의 껍질만 살짝 구워서 먹었습니다. 법령을 피하기 위해서였습니다. 지금도 가장 서민적인 '가쓰오' '사시미'는 겉을 살짝 그을려 팔고 있습니다. 일식집에서는 생선회를 으

레 '사시미'라고 하지요.

▶ さしみ(刺身) = 생선회
▶ かつお(鰹) = 가다랭이

□ さしみほうちょう(刺身庖丁) = 생선회 칼
□ さしみひとぶね(刺身一船) = 생선회 한 접시
□ さしみいちにんまえ(刺身一人前) = 생선회 일인분

□ かつおぶし(鰹節) = 가다랭이포
□ かつおをしゃじゅくする(鰹を煮熟する)
　 = 가다랭이를 김으로 찌다

❺ 사시미 요리가 나오면 반드시 '와사비'가 곁들여 나옵니다. 고추냉이를 원료로 하는 '와사비'는 매콤하면서 톡 쏘는 맛이 생선 비린내를 잡는 데 제격입니다. '와사비'가 부담스러운 사람들 중에는 '가라시' 즉 겨자를 소스로 해서 찍어먹는 사람도 있습니다.

▶ わさび(山葵) = 고추냉이 양념
▶ からし(芥子) = 겨자

□ わさびをおろす(山葵を下ろす) = 고추냉이를 강판에 갈다
□ わさびがきく(山葵が効く) = 고추냉이 맛이 맵다
□ からしがきかない(芥子が効かない) = 겨자 맛이 없다
□ からしつぶ(芥子粒) = 겨자씨 ; 아주 작은 것의 비유

❻ 일식집에서는 종종 '오도리'라는 안주를 겸한 요리가 나옵니다. 이것은 살아 있는 새우를 그릇에 담아 내 놓는 것입니다. 산 새우를 술에 담가 놓으면 껍질이 부들부들해지는데, 그러면 껍질을 벗겨 술안주 삼아 먹습니다. '오도리'는 본디 춤을 뜻하는 일본말입니다. 새우가 술을 먹고 춤을 춘다는 뜻으로 '오도리'라고 칭하게 된 것 같습니다.

▶ おどり(踊り) = 춤 ; 무용

□ おどりのせんせい(踊りの先生) = 무용 선생님
□ おどりば(踊り場) = 무도장
□ ゆうがなおどり(優雅な踊り) = 우아한 춤

❼ 일식집에서는 '세고시'라는 음식이 있습니다. 이 말은 본디 '얕은

여울을 건너다'라는 뜻의 일본말인데, 날 생선을 뼈째 썬 음식을 뜻하는 말로 쓰이고 있습니다. 음식을 다 먹으면 종업원이 들어와 다시 묻습니다. "매운탕으로 하실까요? 지리로 하실까요?" 매운탕과 지리는 모두 살을 발라낸 생선뼈와 내장에 파와 두부 등을 넣고 살짝 끓인 탕입니다. 매운탕은 고춧가루를 넣어 맵지만, 맑은 육수만으로 끓인 '지리'는 맛이 순합니다.

- ▶ せごし(瀨越し) = 은어나 병어와 같이 뼈가 무른 생선을 뼈째 잘게 썬 음식
- ▶ ちり = 회를 뜨고 남은 생선뼈에 두부와 채소를 넣고 끓인 냄비 요리의 하나

❽ 우리나라에 들어온 일본 음식 중 가장 널리 알려진 것은 '스시'일 것입니다. 초밥이라고 하는 '스시'는 김초밥, 유부초밥 등 그 종류도 매우 다양합니다. 그러나 '스시'는 본디 식초와 소금으로 간을 한 밥에 날 생선을 얹어 먹는 간편식이었습니다. 16세기 말 지금의 도쿄인 에도(江戶)의 포장마차에서 처음 선을 보인 음식입니다. 처음에는 지금처럼 한 입에 쏙 들어가는 크기로 만든 '니기리즈시'가 아니었습니다. 그릇에 밥을 담고 그 위에 여러 종류의 생선을 올린 것이었습니다. 지금 일본의 스시 전문집에서 파는 '치라시즈시'에 그 전통이 이어지고 있다

고 할 수 있습니다.

▶ すし(鮨;寿司) = 초밥

□ すしや(寿司屋) = 초밥집
□ かいてんずし(回転寿司) = 회전초밥
□ すしをにぎる(寿司を握る) = 초밥을 만들다
□ ちらしずし(散らし寿司) = 밥에 생선・채소 등을 얹어 놓은 음식

❾ 우리나라 김밥과는 만드는 방법이 다르지만 일본식 김밥으로 '노리마키'가 있습니다. 일식집에서 생선회를 먹은 다음 알밥과 같은 간단한 식사를 하는데, 그때 알밥 대신에 '노리마키'를 주문하는 사람도 있습니다. 밥을 김으로 만다고 해도 내용물에 따라 '갓파마키' '다테마키' 등으로 불리기도 합니다. 그밖에 '오니기리'라는 주먹밥도 있습니다.

▶ のりまき(海苔巻) = 맨밥을 김으로 만 음식
▶ かっぱまき(河童巻) = 밥에 오이를 넣고 만 김밥
▶ だてまき(伊達巻) = 밥에 달걀, 생선살 등을 넣고 만 김밥
▶ おにぎり(お握り) = 주먹밥

- □ あじつけのり(味付海苔) = 김에 맛을 더하여 가공한 김
- □ かっぱ(河童) = 물속에 산다는 어린이 모양을 한 동물
  ; 초밥에 넣는 오이
- □ だてのめがね(伊達の眼鏡) = 멋으로 쓴 안경
- □ だてのわかいしゅう(伊達の若い衆) = 호기부리는 젊은이들
- □ にぎりばし(握り箸) = 주먹으로 쥐는 것 같은 서투른 젓가락질

❿ 우리들은 '뎀푸라'라는 일본말을 큰 저항감 없이 쓰고 있습니다. '뎀푸라'는 고기, 채소, 조개, 새우 등 실로 다양한 식재료에 튀김가루를 묻혀 기름에 튀겨서 먹는 음식입니다. 아이스크림도 '뎀푸라'의 재료가 될 수 있습니다. '뎀푸라'는 우동이나 밥에 얹어서 먹기도 하고 카레와 같은 요리와 함께 먹기도 합니다. '뎀푸라'와 같은 튀김 요리로 '가라아게'가 있습니다. '가라아게'는 주로 닭고기나 물고기를 가루를 묻히지 않고 기름에 튀겨 만듭니다.

- ▶ てんぷら(天麩羅) = 튀김
- ▶ からあげ(空揚げ) = 가루를 묻히지 않고 튀긴 음식

- □ えびてんぷら(蝦天麩羅) = 새우튀김
- □ てんぷらだいがくせい(天麩羅大学生) = 가짜 대학생

□ とりのからあげ(鳥の空揚げ) = 닭튀김

 *kotoba*

ちえ(知恵) = 지혜

さかな(肴) = 술안주

つきだし(突出し) = 전채

かんばん(看板) = 간판

そば(蕎麦) = 메밀국수

さしみ(刺身) = 생선회

ほうちょう(庖丁) = 부엌칼

いちにんまえ(一人前) = 일인분

かつおぶし(鰹節) = 가다랭이포

しゃじゅく(煮熟) = 자숙(찜)

かいてん(回転) = 회전

のり(海苔) = 김

だて(伊達) = 화려한 모양

おどり(踊り) = 춤

ゆうが(優雅) = 우아

すしや(寿司屋) = 초밥집

おにぎり(お握り) = 주먹밥

てんぷら(天麩羅) = 튀김

しぼる(絞る) = 짜다

あわせる(合わせる) = 맞추다

だす(出す) = 내다

おろす(下ろす) = 갈다

きく(効く) = 효과가 있다

にぎる(握る) = 쥐다

5

서민의 음식

❶ 서민의 고급요리 중의 하나가 '스키야키'입니다. 이것은 소고기나 닭고기에 파, 두부, 각종 채소 등을 넣고 끓여 먹는 전골요리입니다. 일본 간장으로 간을 하면 달착지근하며 감칠맛이 있지요. 우리들에게도 매우 익숙한 요리입니다. '스키야키'는 농기구의 한 종류인 가래를 뜻하는 すき(鋤)와 '굽다'는 뜻의 やく(焼く)가 합해진 어휘입니다. '스키야키'의 역사는 매우 짧습니다. 일본인들은 19세기 말까지 쇠고기를 먹지 않았습니다. 그런데 1867년 도쿄에 쇠고기를 파는 정육점이 문을 열고 곧 스키야키를 전문으로 하는 식당이 등장했습니다. 1872년 메이지 천황이 몸소 쇠고기를 먹고 국민에게 쇠고기를 먹을 것을 권장했습니다. 그 후 일본에서 스키야키가 유행했습니다.

▶ すきやき(鋤焼き) = 전골 요리

□ ぎゅうにくのすきやき(牛肉の鋤焼き) = 소고기 전골
□ かなすき(金鋤) = 쇠로 만든 가래
□ やきとうふ(焼き豆腐) = 구운 두부
□ やき(焼き)がいい = 잘 구워졌다

❷ 많은 사람들이 '우동'이 우리말인 줄 알고 있을 것입니다. 그러나 '우동'은 가장 서민적인 일본 음식입니다. '우동'의 종류는 상당히 많고 또 지방에 따라 우동 국물 맛이 다릅니다. 관동 지방의 우동 국물은 간장에 かつお(鰹) 즉 가다랭이 말린 것을 넣고 우려낸 것입니다. 그래서 국물이 진한 간장 색을 띄고 있습니다. 관서 지방의 우동 국물은 다시마와 가다랭이포 이외에 표고버섯이나 멸치를 넣고 우려냅니다. 거기에 맑은 간장으로 간을 하기 때문에 국물의 색이 맑은 편입니다. 우동에는 여러 가지 고명을 얹어서 먹습니다. 고명의 종류에 따라 이름이 다릅니다.

▶ うどん(饂飩) = 일본식 가락국수

□ かけうどん(掛け饂飩) = 가장 기본적인 가락국수
□ きつねうどん(狐饂飩) = 가케우동에 유부를 얹은 것
□ たぬきうどん(狸饂飩) = 가케우동에 튀김 부스러기를 넣은 것

□ つきみうどん(月見饂飩) = 가케우동에 날계란을 깨 넣은 것
　　□ なべうどん(鍋饂飩) = 가케우동을 냄비에 끓여서 내 놓는 것

❸ 일본식 메밀국수라고 할 수 있는 '소바'도 우리들이 자연스럽게 접하는 일본 음식입니다. 전국적으로 '소바' 전문 음식점이 많이 생겼습니다. 소바의 원료가 되는 메밀은 끈끈한 성질이 없어 순전한 메밀로 국수를 만들지 못합니다. 대개 메밀가루와 밀가루를 6대 4로 섞으면 훌륭한 메밀국수가 된다고 합니다. 여러 종류의 소바가 있지만, 대개 우동에 준해서 이름을 붙였습니다.

▶ そば(蕎麦) = 메밀국수

　　□ かけそば(掛け蕎麦) = 가장 기본적인 메밀국수
　　□ たぬきそば(狸蕎麦) = 가케소바에 튀김 부스러기를 얹은 것
　　□ てんぷらそば(天麩羅蕎麦) = 가케소바에 뎀푸라를 얹은 것
　　□ やきそば(蕎麦) = 고기나 채소를 넣고 기름에 볶은 것
　　□ つけそば(つけ蕎麦) = 소바를 곁들인 양념을 한 간장국물에 적셔
　　　　　　　　　　　　　먹는 것
　　□ ざるそば(笊蕎麦) = 소쿠리에 담겨 나오는 소바

❹ 중국집에서 짜장면과 함께 짬뽕이 인기가 있는 메뉴이지요? 그래서 '짬뽕'이 당연히 우리말이라고 생각하는 사람이 대부분입니다. 그러나 '짬뽕'이라는 말은 '한데 섞음'을 뜻하는 일본말입니다. 이제는 우리나라 문화에 깊숙이 들어와 있어 바꾸기는 어려울 것 같으나 알고는 있어야 할 것 같습니다.

▶ ちゃんぽん = 한데 섞음 ; 중국 요리의 하나

□ はなし(話)がちゃんぽんになった = 이야기가 짬뽕이 되었다
□ さけ(酒)とビールのちゃんぽん = 술과 맥주의 짬뽕

❺ 서민들이 간단하게 한잔 할 수 있는 허름한 술집을 '이자카야'라고 합니다. 우리나라에도 이런 선술집이 많이 생겨서인지 우리들에게 낯설지 않은 단어로 자리를 잡았습니다. 목로주점이라는 뜻 아시지요? 목로(木墟)란 선술집에서 술잔을 놓는 널빤지로 만든 기다란 상입니다. 목로주점이 바로 '이자카야'의 분위기를 잘 보여주는 선술집이라고 할 수 있겠습니다.

▶ いざかや(居酒屋) = 선술집

□ いざかやのだい(居酒屋の台) = 목로
□ ばすえのいざかや(場末の居酒屋) = 변두리의 선술집
□ メキシカンいざかや(居酒屋) = 멕시코풍 선술집

❻ 일본 서민의 안주거리나 음식 중에 '야키'라는 말이 붙는 이름이 많이 있습니다. '야키토리' '시오야키' '데리야키' '뎃판야키' '로바타야키' '다코야키' '오코노미야키' 등이 있습니다. 모두 우리들에게 익숙한 단어들입니다.

□ やきとり(焼き鳥) = 꼬챙이구이
□ しおやき(塩焼) = 소금구이
□ てりやき(照り焼き) = 구운 생선
□ てっぱんやき(鉄板焼き) = 철판구이
□ ろばたやき(炉端焼き) = 즉석구이
□ たこやき(蛸焼き) = 문어구이
□ おこのみやき(お好み焼き) = 밀가루에 각종 재료를 섞어 부친 음식

❼ 부산의 자갈치 시장에 가면 '아나고회'라고 써진 간판이 즐비합니다. 붕장어회라고 쓴 집은 한 곳도 없습니다. 그만큼 '아나고'는 우리들에게 익숙해진 일본말입니다. 일본의 おおさか(大阪)의 서쪽에서 ほんしゅう(本州)와 しこく(四国) 섬 사이에 있는 바다를 せとないかい(瀬戸内海)라고 하는데, '아나고'는 일찍부터 그쪽 일대에서 덮밥이나 튀김 요리의 재료로 사용되었습니다. 종류도 다양합니다.

□ あなご(穴子) = 붕장어
□ まことあなご(真穴子) = 참붕장어
□ ぎんあなご(銀穴子) = 은붕장어
□ あなごのかばやき(穴子の蒲焼) = 붕장어 구이
□ あなごどんぶり(穴子丼) = 붕장어 덮밥(밥에 붕장어 구이를 얹은 요리)

❽ 각종 음식의 맛을 좌우하는 맛국물을 '다시', 다진 양념을 '다대기' 양념장을 '다레'로 알고 있는 사람들이 많습니다. 또 단무지를 아직까지 '다꾸앙'이라고 말하는 사람들도 있습니다. 그러나 '다시'는 '꺼내다'라는 뜻의 だし(出し)와 '국물'이라는 뜻의 しる(汁)가 합쳐진 일본말의 준말입니다. '다대기'는 '두드리다'는 뜻의 たたき(叩き)에서 나온 일본말입니다. '다레'는 たれ(垂れ), '다꾸앙'은 たくあん(沢庵) 등 일본말을 그대로 발음한 것입니다.

□ にだしじる(煮出し汁) = 다시마, 멸치, 양파 등을 넣고 끓여
우려낸 국물
□ たたき(叩き) = 다진 고기 ; 또 그것을 사용한 요리
□ たれ(垂れ) = 구이나 전골 요리에 쓰는 양념
□ たくあん(沢庵) = 단무지나 무짠지

❾ 지금은 도시락을 '벤또'라고 말하는 사람이 거의 없지만, 40년 전만 해도 '벤또'는 우리나라 사람이 가장 많이 사용하던 일본어였습니다. 학생들은 모두 도시락을 갖고 학교에 다녔으니까요. 그런데 일본만큼 도시락 문화가 발달한 나라도 없을 것입니다. 그 종류도 아주 다양합니다. 특히 えきべん(駅弁)이라고 하여 전국의 전철역에서 특색 있는 도시락을 팔고 있습니다. 전국에 2000여 종류의 えきべん이 있습니다. 그 도시락을 먹기 위해 전국을 여행하는 도시락 애호가가 있을 정도입니다.

□ こしべんとう(腰弁当) = 집에서 싸가지고 다니는 도시락
□ しだしべんとう(仕出し弁当) = 주문(맞춤) 도시락
□ えきうりべんとう(駅売り弁当) = 역에서 파는 도시락 ⇨ 駅弁
□ ひのまるべんとう(日の丸弁当) = 매실장아찌를 박은 도시락
□ おはなみべんとう(御花見弁当) = 소풍가서 먹는 도시락

☐ まくのうちべんとう(幕の内弁当) = 연극의 막간에 먹는 도시락
☐ おもてなしべんとう(お持て成し弁当) = 행사 때 제공하는 도시락
☐ べんとうをつかう(弁当を使う) = 도시락을 먹다

❿ 우리가 자주 먹는 빵이나 과자의 이름에도 일본어가 알게 모르게 스며들어 있습니다. 사실은 식빵이라는 말도 일본어를 한국식으로 발음한 것입니다. 아이들이 좋아하는 소보로빵은 실 모양의 물건이 흩어져 엉클어진 것을 뜻하는 'そぼろ'와 'パン'이 합쳐진 일본어를 그대로 발음한 것입니다. 박 전 대통령이 방송에서 "앙꼬 없는 찐빵입니다"라고 말하는 것을 보고 놀란 적이 있습니다. 군대에서 비상식량으로 쓰고 있는 건빵 또한 일본어를 한국식으로 발음한 것인데, 노인들은 아직도 일본어 그대로 '감빵'으로 발음하고 있습니다. 요새는 추억의 과자가 되었지만 70년대에는 아이들이 간식으로 '오코시'가 인기를 끌었고, '센베이'는 지금도 인기 있는 과자 중의 하나입니다.

☐ しょくぱん(食パン) = 식빵
☐ そぼろパン = 소보로빵
☐ あんこ(餡子) = 팥소
☐ あんこぱん(餡子パン) = 팥소로 속을 채운 빵
☐ かんぱん(乾パン) = 건빵

- おこし = 밥풀과자
- せんべい(煎餅) = 전병과자

 **kotoba**

ぎゅうにく(牛肉) = 소고기

すき(鋤) = 가래

とうふ(豆腐) = 두부

きつね(狐) = 여우

たぬき(狸) = 너구리

つきみ(月見) = 달구경

そば(蕎麦) = 메밀국수

ざる(笊) = 소쿠리

いざかやのだい(居酒屋の台) = 목로

ばすえ(場末) = 변두리

しおやき(塩焼) = 소금구이

やく(焼く) = 굽다

にる(煮る) = 끓이다

たたく(叩く) = 두드리다

てっぱんやき(鉄板焼き) = 철판구이

ろばたやき(炉端焼き) = 즉석구이

どんぶり(丼) = 덮밥

かばやき(蒲焼) = 장어구이

しる(汁) = 국물

ひのまる(日の丸) = 일장기

はなみ(花見) = 꽃구경

あんこ(餡子) = 팥소

かんぱん(乾パン) = 건빵

おこし = 밥풀과자

たれる(垂れる) = 늘어지다

しだす(仕出す) = 만들어내다

もてなす(持て成す) = 대접하다

5. 서민의 음식

6

집과 가구

❶ 나이가 든 사람들 중에는 아직도 길이 갈라지는 모퉁이에 있는 집을 '카도집'이라고 하는 사람들이 있습니다. 동네의 '카도집'에는 편의점이 자리를 잡는 경우가 많습니다. 그만큼 전시 효과를 볼 수 있기 때문이겠지요. 이 말은 모퉁이를 뜻하는 일본말 'かど'에 우리말 '집'을 붙여서 탄생한 혼종어입니다.

▶ かど(角) = 모퉁이 ; 구석

□ へやのかど(部屋の角) = 방구석
□ かどのたばこや(角の煙草屋) = 모퉁이의 담배 가게
□ はしらのかど(柱の角) = 기둥 모서리
□ かどがたつ(角が立つ) = 모가 나다

❷ 달동네에는 '하코방'이 다닥다닥 붙어 있습니다. 이 말은 일본인이 못 알아듣습니다. 순전히 우리나라 사람이 '창작'한 말이기 때문입니다. 상자를 뜻하는 'はこ'에 우리말 '방'을 붙여서 만든 혼종어입니다.

▶ はこ(箱) = 상자

　□ からのはこ(空の箱) = 빈 상자
　□ こうぐばこ(工具箱) = 공구상자
　□ ほうせきばこ(宝石箱) = 보석함
　□ このはこにのろう(この箱に乗ろう) = 이 (전철) 칸에 타자

❸ 지금까지 일본어를 가장 많이 쓰고 있는 곳은 건설 현장입니다. 목수를 비롯한 전문 기술자들은 어려서부터 현장에서 귀로 듣고 배운 일본어가 자연스러울 수밖에 없을 것입니다. 나이 든 목수에게 어떤 집이 좋으냐고 물으면 다음과 같이 대답할 것입니다. '뎃킨 콘쿠리토'로 '하시라'를 세우고 '아카렌가'나 '세키자이'로 '시아게' 한 건물이 가장 튼튼합니다.

▶ てっきん(鉄筋) = 철근

▶ はしら(柱) = 기둥

▶ あかれんが(赤煉瓦) = 붉은 벽돌

▶ せきざい(石材) = 석재

▶ しあげ(仕上げ) = 마무리

□ てっきんコンクリート(鉄筋コンクリート) = 철근 콘크리트
□ ふといてっきんをいれる(太い鉄筋を入れる)
　 = 굵은 철근을 넣다
□ でんしんばしら(電信柱) = 전봇대
□ テントのはしらをたてる(テントの柱を立てる)
　 = 텐트의 지주를 세우다
□ はしらのしん(柱の心) = 기둥의 중심
□ ざっしのはしら(雑誌の柱) = 잡지의 중요한 항목
□ くにのはしら(国の柱) = 나라의 기둥감

□ れんが(煉瓦) = 벽돌
□ れんがべい(煉瓦塀) = 벽돌담
□ れんがづくりのいえ(煉瓦造りの家) = 벽돌집

□ せきざいてん(石材店) = 석재 가게
□ せきざいをきりだす(石材を切り出す) = 석재를 떼내다
□ けんちくにつかうせきざい(建築に使う石材)

= 건축에 쓰이는 석재

　□ しあげる(仕上げる) = 마무르다
　□ しあげのだんかい(仕上げの段階) = 마무리 단계
　□ ねんいりなしあげ(念入りな仕上げ) = 공들인 끝손질

❹ 옛날 극장 앞에는 '기도'라고 불리는 사람이 있었습니다. 요새 나이트 클럽이나 캬바레와 같은 유흥업소의 '부장님'이 바로 옛날의 '기도'입니다. '기도'는 통상 주먹이 센 사람, 조직폭력배의 앞잡이가 맡았습니다. 그들의 임무는 말썽피우는 사람을 제지하는 것이었습니다. 이번에 '버닝썬' 사건 때 폭력을 휘두른 사람이 바로 '기도'들입니다. 그런데 이 말은 본디 '대문'이나 흥행장의 '출입구'를 뜻하는 일본말입니다.

　▶ きど(木戸) = (지붕이 없는) 대문

　□ きどをあける(木戸を開ける) = 대문을 열다
　□ きどをはらう(木戸を払う) = 입장료를 내다
　□ きどをつく(木戸を突く) = 흥행장 등에서 입장을 거절하다

6. 집과 가구

❺ 대문 옆에 주차장을 두는 것이 일반적입니다. 주차장 문 앞에 셔터(shutter)를 설치하지요? 셔터는 두루마리처럼 위로 감아올리거나 내리는 철제 덧문인데, 이것을 '쟈바라'라고 부르는 사람들이 의외로 많습니다. 지금도 인터넷에서 검색하면 덧문을 전문으로 하는 업체들 대부분이 '쟈바라'라는 어휘를 쓰고 있다는 것을 알 수 있습니다. 그런데 이 말은 뱀을 뜻하는 'じゃ'와 배를 뜻하는 'はら'가 합해진 말입니다. 셔터의 모양이 마치 뱀의 배와 같이 느껴졌던 것 같습니다.

▶ じゃばら(蛇腹) = (사진기・아코디언의) 주름상자

  □ じゃのめ(蛇の目) = (뱀의 눈 같이 생긴) 굵은 고리 모양
  □ とくじゃ(毒蛇) = 독사
  □ じゃぐち(蛇口) = 수도꼭지
  □ ちょうだのれつ(長蛇の列) = 장사진

  □ はらがすく(腹が空く) = 배가 고프다
  □ はらがいたい(腹が痛い) = 배가 아프다
  □ はらをたてる(腹を立てる) = 성을 내다

❻ 나이 드신 분들 중에는 아직도 초인종을 '요비링'이라고 하는 분들이 종종 있습니다. 이 말은 '부르다'는 뜻의 'よぶ'와 '방울'이라는 뜻의 'りん'이 합쳐져서 만들어진 말입니다. 초인종(超人鐘)이라는 말은 '사람을 부르는 종'이라는 뜻이잖아요? 그러니까 초인종을 일본어에 걸맞은 이름으로 지은 것이지요.

▶ よびりん(呼び鈴) = 초인종

□ よびこ(呼び子) = 호루라기
□ よびごえ(呼び声) = 부르는 소리
□ よびだす(呼び出す) = 불러내다
□ いしゃをよぶ(医者を呼ぶ) = 의사를 부르다
□ たすけをよぶ(助けを呼ぶ) = 구조를 외치다

❼ 다시 나이 든 목수와 함께 방으로 들어가 내부 구조를 설명해 달라고 부탁해 볼까요? 방의 위에는 '덴죠'가 있고, 옆은 '가베'와 '쇼지'로 칸막이가 되어 있습니다. '가베'에는 '도와쿠'와 '마도와쿠'가 설치되어 있군요. 알아들으시겠습니까? 건축 현장에서는 통하는 말이라고 합니다.

- ☐ てんじょう(天井) = 천장
- ☐ かべ(壁) = 벽
- ☐ かべにみみあり(壁に耳有り) = 벽에도 귀가 있다
- ☐ しょうじ(障子) = 장지 ; 미닫이문
- ☐ しょうじをはる(障子を張る) = 장지를 바르다
- ☐ とわく(戸枠) = 문틀
- ☐ とをしめる(戸を締める) = 문을 닫다
- ☐ まどわく(窓枠) = 창틀
- ☐ がらすまど(ガラス窓) = 유리창
- ☐ めはこころのまど(目は心の窓) = 눈은 마음의 창

❽ 벽에는 액자가 걸려 있습니다. 액자를 'がく(額)' 또는 'がくぶち(額縁)'라고 합니다. 여기에서 'ぶち'라는 말에 주목할 필요가 있습니다. 우리말에도 '붙이'라는 말이 있지요? 어떤 명사 뒤에 붙어서 가까운 겨레임을 나타내는 말입니다. 겨레붙이, 피붙이 등으로 쓰이지요. 또 그 물건과 유사하거나 그것에 딸린 종류임을 나타내는 말로 쓰입니다. 예를 들면 쇠붙이, 금붙이 등입니다. 일본말 'ぶち'는 바로 우리말 '붙이'와 같은 의미로 쓰입니다. 'ぶち'의 어원이 '붙이'이기 때문입니다.

▶ がく(額) = 이마 ; 액수 ; 액자 ; 현판
▶ がくぶち(額縁) = 액자 ; 사진틀

☐ ぜんがく(全額) = 전액
☐ せいさんがく(生産額) = 생산액
☐ よさんのがく(予算の額) = 예산액
☐ しゃしんをがくぶちにいれる(写真を額縁に入れる)
　 = 사진을 액자에 넣다
☐ きんぶち(金縁) = 금제 또는 금빛의 테 ; 금테
☐ ぎんぶち(銀縁) = 은제 또는 은빛의 테 ; 은테
☐ きんぶちめがね(金縁眼鏡) = 금테 안경

❾ 옛날 집에는 벽장이나 반침이 있었습니다. 이것을 '오시이레'라고 합니다. 가구의 종류도 많았습니다. 보통 옷장은 '단스', 작은 옷장은 '고단스', 찻장은 '차단스'라고 했는데, 혹시 알고 있는지요? 단스에는 서랍 즉 '히키다시'가 있어서 물건을 수납할 수 있지요.

▶ おしいれ(押し入れ) = 반침
▶ たんす(箪笥) = 옷장
▶ こだんす(小箪笥) = 작은 옷장

▶ ちゃだんす(茶箪笥) = 찻장

☐ おしいれる(押し入れる) = 넣어두다
☐ ふとんをおしいれにしまう(布団を押入れに終う)
  = 이불을 반침에 넣어두다
☐ たんすのひきだし(箪笥の引き出し) = 옷장 서랍
☐ よきんのひきだし(預金の引き出し) = 예금을 찾음
☐ ひきだす(引き出す) = 꺼내다 ; 끌어내다
☐ こたえをひきだす(答えを引き出す) = 답을 끌어내다

❿ 가구는 오래 쓰다보면 어쩔 수 없이 '기스'가 납니다. 가구에는 여러 가지 물건들이 수납되어 있습니다. 그중에는 '신삥'도 있고 '중고'도 있습니다. 요새 '無印良品'이라는 광고가 부쩍 눈에 들어옵니다. 일본어로 'むじるしりょうひん'이라고 읽습니다. 몇 년 전부터 일본에서 상표를 붙이지 않은 유명 메이커의 제품을 싸게 팔아 크게 인기를 끌었는데, 드디어 우리나라에 진출한 모양입니다. 여러분의 방이나 '단스' 속에 '無印良品'이 있나요?

▶ きず(傷 ; 疵 ; 瑕) = 상처 ; 흠 ; 결점 ; 비밀
▶ しんぴん(新品) = 새것 ; 신품

▶ ちゅうこ(中古) = 중고
▶ むじるしりょうひん(無印良品) = 정식 상표가 없는 양질의 상품

☐ きずのあと(傷の跡) = 상처 자국
☐ きずをおう(傷を負う) = 상처를 입다
☐ きずがつく(傷が付く) = 흠이 생기다
☐ しょうひんにきずをつける(商品に傷を付ける)
　= 상품에 흠집을 내다
☐ たまにきず(玉に瑕) = 옥에 티

☐ しんぴんどうようのくるま(新品同様の車)
　= 신품이나 다름없는 차
☐ しんぴんよりふるものがよい(新品より古物がよい)
　= 새것보다 헌 것이 좋다
☐ ちゅうこしゃをこうにゅうする(中古車を購入する)
　= 중고차를 구입하다
☐ しるし(印) = 표시 ; 증표
☐ さんかくじるし(三角印) = 삼각표
☐ ゆきじるし(雪印) = 백설표(상표 이름)
☐ ぞうじるし(象印) = 코끼리표(상표 이름)

6. 집과 가구　73

kotoba

かど(각) = 구석

たばこや(煙草屋) = 담배 가게

こうぐ(工具) = 공구

ほうせき(宝石) = 보석

てっきん(鉄筋) = 철근

でんしんばしら(電信柱) = 전봇대

ざっし(雑誌) = 잡지

れんが(煉瓦) = 벽돌

あかれんが(赤煉瓦) = 붉은 벽돌

れんがべい(煉瓦塀) = 벽돌담

せきざい(石材) = 석재

けんちく(建築) = 건축

しあげ(仕上げ) = 마무리

だんかい(段階) = 단계

とくじゃ(毒蛇) = 독사

じゃぐち(蛇口) = 수도꼭지

よびこ(呼び子) = 호루라기

いしゃ(医者) = 의사

てんじょう(天井) = 천장

しょうじ(障子) = 장지

とわく(戸枠) = 문틀

がくぶち(額縁) = 액자 ; 사진틀

ぜんがく(全額) = 전액

せいさんがく(生産額) = 생산액

きんぶち(金縁) = 금제

おしいれ(押し入れ) = 반침

たんす(箪笥) = 옷장

ちゃだんす(茶箪笥) = 찻장

ふとん(布団) = 이불

よきん(預金) = 예금

しょうひん(商品) = 상품

 **kotoba**

しんぴん(新品) = 새것 ; 신품
ちゅうこ(中古) = 중고
あと(跡) = 흔적

ふるもの(古物) = 헌 것
こうにゅう(購入) = 구입
しるし(印) = 표시

たつ(立つ) = 서다
たてる(立てる) = 세우다
のる(乗る) = 타다
ふとい(太い) = 굵다
いれる(入れる) = 넣다
きりだす(切り出す) = 떼 내다
つかう(使う) = 사용하다
しあげる(仕上げる) = 마무르다
よぶ(呼ぶ) = 부르다
あける(開ける) = 열다
はらう(払う) = 지불하다
よびだす(呼び出す) = 불러내다

はらをたてる(腹を立てる)
= 성을 내다
つく(突く) = 찌르다
たすける(助ける) = 돕다
はる(張る) = 벌이다
しめる(締める) = 문을 닫다
おしいれる(押し入れる)
= 넣어두다
しまう(終う) = 마치다
ひきだす(引き出す) = 꺼내다
おう(負う) = 지다
こたえる(答える) = 대답하다

7

생활용품

❶ 얼마 전까지만 해도 접시를 '사라'라고 하는 사람이 적지 않았습니다. "거기 상 위에 있는 사라 좀 가져 오너라" 우리말로 알고 있는 냄비도 사실은 일본말 '나베'에서 변화한 말입니다. 우리나라에는 냄비와 같은 조리기구가 없었던 듯합니다. 19세기 말 일본에서 '나베'가 들어왔고, 그것을 우리나라 사람들이 남비로 부르다가 1920년경부터 냄비라는 어휘로 정착되었습니다. (『일본에서 온 우리말 사전』 212p)

▶ さら(皿) = 접시
▶ なべ(鍋) = 냄비

□ ひとさらふたさら(一皿二皿) = 한 접시 두 접시
□ さらをわる(皿を割る) = 접시를 깨다

☐ さらあらい(皿洗い) = 접시닦이

☐ なべのふた(鍋の蓋) = 냄비 뚜껑
☐ なべしき(鍋敷き) = 냄비 받침
☐ なべもの(鍋物) = 냄비요리
☐ なべでにる(鍋で煮る) = 냄비로 삶다

❷ 1980년대 우리나라 여성들이 집단으로 일본으로 가는 비행기에 탔습니다. 여행 목적은 '조지루시' '덴키가마' 즉 코끼리표 전기밥솥과 '마호빙' 즉 보온병을 사기 위해서입니다. 그때까지 우리나라의 기술이 일본을 아직 따라잡지 못하고 있었습니다. 그래서 너도나도 품질 좋은 일본제 생활용품을 사는 붐이 불었던 것입니다.

▶ でんきがま(電気釜) = 전기밥솥
▶ まほうびん(魔法瓶) = 마법의 병(보온병)

☐ でんきりょうきん(電気料金) = 전기요금
☐ でんきかいろ(電気回路) = 전기회로

☐ あつりょくがま(圧力釜) = 압력솥

- いもののがま(鋳物の釜) = 무쇠 솥
- おなじかまのめしをくう(同じ釜の飯を食う) = 같은 솥 밥을 먹다

- まほうつかい(魔法使い) = 마법사
- まほうのつえ(魔法の杖) = 요술 지팡이
- まほうをつかう(魔法を使う) = 마술을 부리다
- まほうにかかる(魔法に掛かる) = 마법에 걸리다

- びんのくび(瓶の首) = 병목
- さけはんびん(酒半瓶) = 술 반병
- びんづめ(瓶詰) 병조림 / かんづめ(缶詰) = 통조림

❸ '다라이'는 우리 생활 속에 파고 든 대표적인 일본어입니다. 우리들이 보통 '다라'라고 하는 스텐이나 플라스틱으로 만든 아가리가 넓게 벌어진 대야 또는 함지박은 본디 일본말 たらい에서 변화한 말입니다. 일본인들은 손 씻는 그릇을 뜻하는 てあらい를 줄여서 たらい라고 말하기도 합니다. 참고로 일본인들은 てあらい(手洗い)를 은유적으로 화장실의 뜻으로 사용하고 있습니다.

▶ たらい(盥) = 대야

□ かなだらい(金盥) = 쇠대야

□ しんちゅうのたらい(真鍮の盥) = 놋대야

□ せんたくだらい(洗濯盥) = 빨래 대야

□ てあらい(手洗い) = 화장실

❹ '오봉'이라는 말을 들어 본 적이 있는 독자들이 많이 있을 것입니다. "수박을 먹기 좋게 쪼개서 오봉에 담아주세요" 이와 같이 '오봉'은 쟁반을 뜻하는 말로 가정에서 흔하게 사용하던 말입니다. 본디 쟁반을 뜻하는 일본말은 ぼん(盆)인데, 그 말의 앞에 'お'자를 붙여서 공손한 말로 おぼん이라고 사용합니다. ぼん은 うらぼん(盂蘭盆) 즉 우란분재를 뜻하는 말이기도 합니다. 참고로 우란분재는 음력 7월 15일에 조상의 영혼을 제사지내는 불교 행사입니다. 백중이라고도 하지요.

▶ ぼん(盆) = 쟁반 ; 우란분재

□ ぼんにのせてだす(盆に載せて出す) = 쟁반에 얹어서 내놓다

□ ぼんのようにまるいつき(盆のように丸い月) = 쟁반같이 둥근 달

□ ぼんにきせいする(盆に帰省する) = 우란분재 때 귀성하다

❺ '와리바시'는 우리들의 생활 속에 가장 널리 퍼져 있는 일본말입니다. 이런 말을 사용하지 않는 젊은 사람들도 익히 들어서 알고 있는 말일 것입니다. 이 말은 '쪼개다'는 뜻 'わる'의 명사형 'わり'와 젓가락을 뜻하는 'はし'가 합쳐져 만들어진 말입니다. 이어서 발음할 때는 'はし'의 'は'가 탁음으로 변하여 'わりばし'라는 발음이 됩니다.

▶ わりばし(割り箸) = 쪼개어 쓸 수 있도록 만들어 놓은 나무젓가락
▶ わる(割る) = 나누다 ; 쪼개다 ; 깨다
▶ はし(箸) = 젓가락

□ さんじゅうをごでわる(三十を五で割る) = 30을 5로 나누다
□ すいかをふたつにわる(西瓜を二つに割る) = 수박을 둘로 쪼개다
□ うつわをわる(器を割る) = 그릇을 깨다
□ とうをわる(党を割る) = 당을 깨다
□ さけにみずをわる(酒に水を割る) = 술에 물을 타다
□ かはんすうをわる(過半数を割る) = 과반수를 밑돌다
□ てがたをわる(手形を割る) = 어음을 할인하다
□ わりこむ(割り込む) = 끼어들다

□ はしをはさむ(箸を挟む) = 젓가락을 집다
□ はしをつかう(箸を使う) = 젓가락질하다
□ はしをおく(箸を置く) = 젓가락을 놓다(다 먹다)

❻ 이쑤시개는 상스러운 말이고 '요지'는 고상한 말이라고 생각하는 사람이 적지 않습니다. 밥을 먹은 후에 남이 보는 앞에서 아무렇지도 않게 이를 쑤시는 것은 별로 좋게 보이지 않습니다. 행위가 고상하지 않은 것이지 이쑤시개라는 말이 고상하지 않은 것은 아닐 것입니다. 더구나 '요지'는 본디 일본말입니다. 이쑤시개가 상스럽다면 좋은 말을 만들어 쓸 일입니다.

▶ ようじ(楊枝) = 이쑤시개

 □ ようじをくわえる(楊枝を咥える) = 이쑤시개를 물다
 □ ようじではをせせる(楊枝で歯をせせる)
   = 이쑤시개로 이를 쑤시다
 □ たかようじ(高楊枝) = 식후에 유유히 이를 쑤시는 일
 □ ぶしはくわねどたかようじ(武士は食わねど高楊枝)
   = 무사는 굶고도 먹은체한다

❼ 아직도 방석을 '자부동'이라고 하고, 손톱깎이를 '쓰메키리'라고 하는 사람들이 의외로 많습니다. '자부동'은 방석이라는 일본말인데, '자리'를 뜻하는 'ざ'와 '이부자리'라는 뜻의 'ふとん'이 합해져서 'ざぶとん'으로 발음합니다. '쓰메키리'는 손톱이라는 뜻의 'つめ'와 '자

르다'는 뜻의 'きる'가 합해져 생긴 말입니다.

▶ ざぶとん(座布団) = 방석
▶ つめきり(爪切り) = 손톱깎이

□ けんりょくのざ(権力の座) = 권력의 좌(권좌)
□ ざをしりぞく(座を退く) = 자리를 물러나다

□ かけぶとん(掛け布団) = 이불
□ しきぶとん(敷き布団) = 요
□ ふとんをしく(布団を敷く) = 요를 깔다

□ つめをきる(爪を切る) = 손톱을 깎다
□ つめをのばす(爪を伸ばす) = 손톱을 기르다
□ つめのていれをする(爪の手入れをする) = 손톱 손질을 하다
□ つめのあか(爪の垢) = 손톱의 때(매우 적은 것의 비유)

□ くびをきる(首を切る) = 목을 베다
□ はらをきる(腹を切る) = 배를 가르다
□ えんをきる(縁を切る) = 인연을 끊다

□ しごとにきりがつく(仕事に切りが付く) = 일이 일단락지다

□ きりがよい(切りが良い) = 끝맺기에 알맞다

□ きりがわるい(切りが悪い) = 끝맺기에 마땅치 않다

□ よくをいえばきりがない(欲を言えば切りがない)
  = 욕심에는 한이 없다

❽ 석유를 원료로 쓰는 풍로를 '석유곤로', 전기를 사용하는 것을 '전기곤로'라고 말하는 사람이 많지요? 그러나 '곤로'는 화로나 풍로를 뜻하는 일본말입니다. 젊은이들은 모르는 '유담뽀'라는 열기구도 있습니다. 우리들은 온돌 생활을 하기 때문에 '유담뽀'를 거의 사용하지 않고, 근년에는 일본인들도 이것을 사용하지 않습니다. 하지만 예전에 다타미가 깔린 일본식 주택에 사는 사람들은 '유담뽀'가 겨울의 필수 생활용품이었습니다. '유담뽀'는 베개 크기의 양철통인데, 그것에 뜨거운 물을 넣어 발쪽 요 속에 넣어두고 자면 아침까지 온기가 보전됩니다.

▶ こんろ(焜炉) = 풍로 ; 화로

▶ ゆたんぽ(湯湯婆) = 유담뽀(우리말에 없는 개념)

□ せきゆこんろ(石油焜炉) = 석유풍로

□ でんきこんろ(電気焜炉) = 전기풍로

□ こんろのうえのやかん(焜炉の上の薬缶) = 풍로 위의 주전자

❾ 얼마 전에 아는 일본인에게서 씁쓸한 이야기를 들었습니다. 한국의 안동 지역을 여행하고 있을 때 갑자기 전구가 필요해서 허름한 가게에 들어가 손짓 발짓하며 전구를 설명했으나 도저히 말이 통하지 않았답니다. 급기야 종이에 전기선을 그리고, 스위치를 그리고, 빤작빤작 불빛을 그렸을 때 가게 주인이 큰 소리로 말했답니다. "아! 전기 다마" 본디 '다마'는 구슬을 뜻하는 말이었는데, 동그랗게 생긴 당구공이나 전구도 '다마'라고 불렀습니다.

▶ たま(玉) = 옥 ; 구슬 ; 둥근 것

    □ たまをみがく(玉を磨く) = 옥을 갈다
    □ つゆのたま(露の玉) = 이슬방울
    □ めのたま(目の玉) = 눈알
    □ ひゃくえんだま(百円玉) = 백 엔짜리 주화
    □ めがねのたま(眼鏡の玉) = 안경 알
    □ たまつきのたま(玉突きの玉) = 당구공
    □ たまをつく(玉を突く) = 당구를 치다

# kotoba

さら(皿) = 접시
なべ(鍋) = 냄비
なべもの(鍋物) = 냄비요리
ふた(蓋) = 뚜껑
でんき(電気) = 전기
かま(釜) = 밥솥
めし(飯) = 밥
まほう(魔法) = 마법
まほうびん(魔法瓶) = 보온병
りょうきん(料金) = 요금
かいろ(回路) = 회로
あつりょく(圧力) = 압력
いもの(鋳物) = 주물
つえ(杖) = 지팡이
びん(瓶) = 병
くび(首) = 목

さけ(酒) = 술
はんびん(半瓶) = 반병
びんづめ(瓶詰) 병조림
かんづめ(缶詰) = 통조림
たらい(盥) = 대야
しんちゅう(真鍮) = 놋쇠
てあらい(手洗い) = 화장실
うらぼん(盂蘭盆) = 우란분재
ぼん(盆) = 쟁반
つき(月) = 달
はし(箸) = 젓가락
すいか(西瓜) = 수박
うつわ(器) = 그릇
てがた(手形) = 어음
ようじ(楊枝) = 이쑤시개
ぶし(武士) = 무사

 **kotoba**

ざぶとん(座布団) = 방석
つめきり(爪切り) = 손톱깎이
けんりょく(権力) = 권력
ていれ(手入れ) = 손질
あか(垢) = 때
えん(縁) = 인연

しごと(仕事) = 일
せきゆ(石油) = 석유
こんろ(焜炉) = 풍로 ; 화로
やかん(薬缶) = 주전자
つゆ(露) = 이슬
たま(玉) = 구슬

わる(割る) = 깨다
しく(敷く) = 깔다
にる(煮る) = 삶다
くう(食う) = 먹다
かかる(掛かる) = 걸리다
のせる(載せる) = 얹다

わりこむ(割り込む) = 끼어들다
はさむ(挟む) = 끼다
くわえる(咥える) = 입에 물다
しりぞく(退く) = 물러나다
のばす(伸ばす) = 기르다
みがく(磨く) = 갈다

8

행위와 놀이

❶ 노인 둘이 지난 일들을 회상하고 있었습니다. 초등학교 운동회 때 있었던 이야기를 하며 즐거워했습니다. "학생들이 죽 '나라비' 서면 달리기 시합이 시작되었지. 4명이 함께 출발선에 서서 선생님이 '요이'하는 소리에 정신을 바짝 차리고 있다가 이어서 '땅'하는 화약 터지는 소리를 듣고 정신없이 뛰기 시작했지"

▶ ならび(並び) = 늘어선 모양
▶ ようい(用意) = 준비 ; 주의

□ はのならびがきれいだ(歯の並びが綺麗だ) = 치열이 곱다
□ ならぶ(並ぶ) = 한 줄로 서다
□ ならべる(並べる) = 나란히 세우다

□ ならんではしる(並んで走る) = 나란히 달리다
□ かれにならぶものがない(彼に並ぶ者がない)
　= 그에게 견줄 자가 없다
□ かたをならべる(肩を並べる) = 어깨를 나란히 하다
□ ふへいをならべる(不平を並べる) = 불평을 늘어놓다

□ しょくじのようい(食事の用意) = 식사 준비
□ じゅうぜんのようい(十全の用意) = 완전한 준비
□ よういができる(用意が出来る) = 준비가 되다
□ なまでよういする(生で用意する) = 현찰로 준비하다

❷ 한 젊은이가 말했습니다. "야! 좀 가만히 있어라. 괜히 왔다리 갔다리 하고 난리야. 심난하잖아?" 우리말이라고 하기에는 좀 이상한 말이 귀에 거슬렸습니다. 여러분은 어떻게 생각하십니까? 어쩐지 리듬이 일본말 'いったりきたり'와 흡사하지 않나요? 일본말에서 무엇인가 나열하여 서술 할 때는 동사나 형용사 연용형에 'たり'를 붙여서 씁니다.

▶ いったりきたり(行ったり来たり) = 왔다 갔다

□ ねたりおきたり(寝たり起きたり) = 누웠다 일어났다

□ まげたりのばしたり(曲げたり伸ばしたり) = 구부렸다 폈다

□ みたりきいたりしたこと(見たり聞いたりした事)
　 = 보거나 듣거나 한 일

❸ 아이들이 학교에서 한 학생을 '왕따' 즉 집단 따돌림해서 사회문제가 되는 때가 있습니다. 그럴 때마다 언론에서는 일본 학생들의 '이지메' 현상에 대해 보도합니다. '이지메'는 우리가 버려야 할 말은 아니지만 언론에서 자주 거론되는 말이기에 학습해 둘 필요가 있습니다.

▶ いじめ(苛め) = (특히 학교에서의) 괴롭힘

□ よわいものいじめ(弱い者苛め) = 약한 자 괴롭히기

□ いじめる(苛める) = 괴롭히다

□ よめをいじめる(嫁を苛める) = 며느리를 구박하다

□ きゅうゆうにいじめられる(級友に苛められる)
　 = 급우에게 들볶이다

□ どうぶつをいじめるな(動物を苛めるな) = 동물을 학대하지 마라

❹ 길거리를 지나는 여성에게 휘파람을 불며 놀리거나 또 한 여성을 집요하게 집적대는 것을 '히야카시'라고 합니다. 스토킹은 병적인 '히야카시'에 해당한다고 할 수 있겠습니다. 요새 같으면 성희롱으로 엄하게 처벌되는 엄연한 범죄입니다.

▶ ひやかし(冷やかし) = 놀림

  □ ひやかしをいう(冷やかしを言う) = 놀리는 말을 하다
  □ ひやかしはんぶんに(冷やかし半分に) = 반 놀림조로
  □ ひやかしきゃく(冷やかし客)
    = 물건은 사지 않고 눈요기만 하는 손님
  □ しょうてんをひやかす(商店を冷やかす)
    = 상점에서 눈요기만 하다

❺ 누구에게 야단맞거나 면박을 당했을 때 '쿠사리 먹었다'라고 하는 사람들이 의외로 많습니다. 이 말은 분명히 일본어입니다. 그러나 일본인은 '쿠사리'를 위와 같은 뜻으로 사용하지 않습니다. 일본어에서 'くさり'는 '썩다' '상하다'를 뜻하는 'くさる'의 명사형입니다. 우리는 일본인도 모르는 일본어를 쓰고 있는 것입니다.

▶ くさり(腐り) = 썩음 ; 상하거나 썩은 정도

□ くさりがはやい(腐りが早い) = 상하기 쉽다
□ くさりはてる(腐り果てる) = 썩어 빠지다
□ くさりきったせいかい(腐り切った政界) = 곪을 대로 곪은 정계

□ たべものがくさる(食べ物が腐る) = 음식이 썩다
□ したいがくさる(死体が腐る) = 시체가 썩다

❻ 젊은이들이 큰 소리로 이야기합니다. "너 똑바로 말해봐 어제 네가 한 말 다 '구라'지?" "아냐 전부 '구라' 친 것은 아냐" 이들은 '속였다' '거짓을 말했다'는 뜻으로 '구라'라는 말은 썼습니다. 이 말은 분명히 일본어인데, 정작 일본인들은 이 말을 알아듣지 못합니다. 아마도 이 말은 '어둡다'는 뜻의 'くらい'나 '감추다' 또는 '속이다'는 뜻의 'くらます'에서 'くら'라는 음절을 취해서 만들어졌을 것으로 여겨지나 확실하지 않습니다.

▶ くらい(暗い) = 어둡다
▶ くらます(暗ます) = (모습을) 감추다 ; 속이다

☐ くらいかげ(暗い影) = 어두운 그림자

☐ くらいかこ(暗い過去) = 어두운 과거

☐ ぜんとがくらい(前途が暗い) = 앞날이 어둡다

☐ くらいせいかくのおとこ(暗い性格の男) = 어두운 성격의 남자

☐ すがたをくらます(姿を暗ます) = 자취를 감추다

☐ ゆくえをくらます(行方を暗ます) = 행방을 감추다

☐ ひとのめをくらます(人の目を暗ます) = 사람의 눈을 속이다

❼ 확실히 알지 못하는 사안을 대강으로 짐작하는 것을 '겐토 찍는다'라고 말하는 사람이 종종 있습니다. 본디 '겐토'는 목표나 정도를 뜻하는 일본말입니다. 다양하게 쓰이는 단어인 만큼 정리해 두는 것이 좋을 것 같습니다.

▶ けんとう(見当) = 방향 ; 짐작 ; 가량

☐ けんとうがつく(見当が付く) = 짐작이 가다

☐ けんとうがちがう(見当が違う) = 예상이 어긋나다

☐ けんとうがはずれる(見当が外れる) = 예상이 빗나가다

☐ けんとうちがい(見当違い) = 짐작이 틀림(헛다리 짚음)

□ ひゃくにんけんとう(百人見当) = 백 명 정도
□ さんじゅうけんとうのおとこ(三十見当の男) = 30세가량의 남자
□ ていたくはこのけんとうにある(邸宅はこの見当にある)
  = 저택은 이 부근에 있다

❽ 박정희 정권 시대에 일본의 한 고급 음식점에서 있었던 일입니다. 어느 날 재벌에 버금가는 모 종교단체 지도자의 아들이 "기마에다! 오늘은 내가 한턱낸다"라고 소리치며 음식점 중앙에 매달린 종을 쳤습니다. 손님들은 환호했습니다. 그 종을 친 사람이 그날 손님들이 먹은 음식대금 전부를 내기로 되어 있었기 때문입니다. 이와 같이 '기마에'는 선심이나 호기 또는 실속도 없이 크게 한턱 쓰는 기질을 가리키는 말로 쓰입니다. 본디 이 말은 '기질' 특히 손이 크고 호기를 부리는 기질을 뜻하는 'きまえ'라는 일본말입니다.

▶ きまえ(気前) = 기질 ; 특히 호기로운(희떠운) 기질

□ きまえがいい(気前が良い) = 손이 크다 ; 호기롭다
□ きまえをみせる(気前を見せる) = 호기롭게 굴다
□ きまえよくおごる(気前良く奢る) = 호기롭게 한턱 쓰다
□ きまえよくきふした(気前良く寄付した) = 호기롭게 기부했다

❾ 친구가 귓속말로 말했습니다. "그 목사님 말이야! 여신도들과 관계가 심상찮다는 소문이 떠돌잖아? 내가 알아보니 정말 '야리쿠리'하더라" 이렇게 우리나라에서는 어쩐지 수상하거나 이상한 구석이 있다는 뜻으로 쓰입니다. 본디 '야리쿠리'는 '둘러맞추다' '융통하다'는 뜻의 'やりくる'의 명사형입니다. 우리가 생각하는 뜻과 부합한다고 할 수 없습니다.

▶ やりくり(遣り繰り) = 주변 ; 변통 ; (특히 금전을) 이리저리 둘러댐

☐ かけいのやりくり(家計の遣り繰り) = 가계의 변통
☐ やりくりがうまい(遣り繰りが上手い) = 변통을 잘한다
☐ やりくりがへただ(遣り繰りが下手だ) = 주변머리가 없다

☐ やりくる(遣り繰る) = 둘러 맞추다 ; 융통하다
☐ しきんをやりくる(資金を遣り繰る) = 자금을 융통하다
☐ よていをやりくる(予定を遣り繰る) = 예정을 둘러맞추다

❿ 당구장에서 들리는 말입니다. "우리 이번 판은 겜페이 해서 칠까요?" 1192년 みなもとの よりとも(源頼朝)가 かまくらばくふ(鎌倉幕府)를 세웠습니다. 그동안 みなもと(源) 가문과 たいら(平) 가문이 정권 쟁

탈전을 벌였는데, 1185년 3월에 源 가문이 최후의 승리를 거두었습니다. 그로부터 7년 후에 일본 최초의 무사정권이 성립되었습니다. 源 가문을 げんじ(源氏), 平 가문을 へいし(平氏)라고 일컫기도 합니다. げんぺい(源平)는 본디 두 가문을 이르는 말이나 사람들은 '적과 우리'를 일컫는 말로 사용하기 시작했습니다. 또 미나모토 가문의 군대는 흰 깃발, 다이라 가문은 붉은 깃발을 꽂고 싸웠습니다. 그래서 두 가문의 싸움을 こうはくせん(紅白戦)이라고 합니다. 학교 운동회 때도 NHK 연말 노래자랑도 '적과 우리'로 편을 갈라서 경쟁하며 놉니다. 우리나라 초등학교 운동회 때 청군과 백군으로 나누어 경쟁하는 것도 일제 강점기 유산입니다. 강점기 때는 홍군(紅軍)과 백군(白軍)으로 칭하다가 해방 이후에 갑자기 청군 백군으로 칭하게 되었습니다.

▶ げんぺい(源平) = 적과 우리 편

□ げんぺいにわかれて(源平に分れて) = 두 편으로 갈라져서
□ げんぺいもち(源平餅) = 홍백 두 색이 있는 떡
□ こうはくじあい(紅白試合) = 홍군과 백군으로 편을 나누어 하는 경기

❶❶ 화투 놀이를 할 때 들리는 말입니다. "이번에는 아무도 못 먹었네요? 그러면 이번 판은 나가레가 되었습니다." 노래방에서 들리는 말입니다. "이번에는 나의 주하치방 노래를 부르기로 하겠습니다." '나がれ'는 '흐름' 또는 '무효가 됨'을 뜻하는 일본말, 'じゅうはちばん'은 '가장 뛰어난 장기'를 뜻하는 일본말입니다.

▶ ながれ(流れ) = 흐름 ; 계통 ; 무효가 됨
▶ じゅうはちばん(十八番) = 특기 ; 가장 뛰어난 장기

□ ながれがはやい(流れが速い) = 물살이 빠르다
□ ひとのながれ(人の流れ) = 사람의 물결
□ ときのながれ(時の流れ) = 시간의 흐름(시대의 변천)
□ けいかくがおながれになる(計画がお流れになる)
  = 계획이 허사가 되다

□ てじながかれのじゅうはちばんだ(手品が彼の十八番だ)
  = 요술이 그의 장기이다
□ そのうたはかれのじゅうはちばんだ(その歌は彼の十八番だ)
  = 그 노래는 그가 가장 잘하는 것이다.
□ じゅうはちばんのこごと(十八番の小言)
  = 입버릇처럼 하는 잔소리

 **kotoba**

ならび(並び) = 늘어선 모양
휴い(用意) = 준비
かた(肩) = 어깨
ふへい(不平) = 불평
しょくじ(食事) = 식사
じゅうぜん(十全) = 완전한
いじめ(苛め) = 괴롭힘
よめ(嫁) = 며느리
きゅうゆう(級友) = 급우
どうぶつ(動物) = 동물
ひやかし(冷やかし) = 놀림
きゃく(客) = 손님
しょうてん(商店) = 상점
せいかい(政界) = 정계
たべもの(食べ物) = 음식
したい(死体) = 시체

かげ(影) = 그림자
かこ(過去) = 과거
ぜんと(前途) = 앞날
せいかく(性格) = 성격
すがた(姿) = 모습
ゆくえ(行方) = 행방
けんとう(見当) = 짐작
ていたく(邸宅) = 저택
きまえ(気前) = (희떠운) 기질
きふ(寄付) = 기부
やりくり(遣り繰り) = 변통
かけい(家計) = 가계
しきん(資金) = 자금
こうはくせん(紅白戦) = 홍백전
げんぺいもち(源平餅)
= 홍백 두 색이 있는 떡

kotoba

ようい(用意) = 준비
ふへい(不平) = 불평
よめ(嫁) = 며느리
きゅうゆう(級友) = 급우

ながれ(流れ) = 흐름
けいかく(計画) = 계획
てじな(手品) = 요술
こごと(小言) = 잔소리

ならぶ(並ぶ) = 한 줄로 서다
はしる(走る) = 달리다
おきる(起きる) = 일어나다
まげる(曲げる) = 구부리다
のばす(伸ばす) = 펴다

くらます(暗ます) = 감추다
くらい(暗い) = 어둡다
はてる(果てる) = 끝나다(죽다)
ちがう(違う) = 다르다
はずれる(外れる) = 빗나가다

よわい(弱い) = 약하다
いじめる(苛める) = 괴롭히다
くさる(腐る) = 썩다

みせる(見せる) = 보이다
おごる(奢る) = 사치하다
うまい(上手い) = 능숙하다

9

모양과 상태

❶ 나이 든 운전사들이 자주 쓰는 말 중의 하나가 '고바이'라는 말입니다. 오르막길이 보이면 "이번에는 고바이를 타야겠네"라고 말합니다. 또 비포장도로가 나타나면 "이번에는 데코보코네"라고 말합니다. '고바이'는 비탈진 것, '데코보코'는 울퉁불퉁한 상태를 뜻하는 일본말입니다.

▶ こうばい(勾配) = 경사 ; 비탈
▶ でこぼこ(凸凹) = 요철 ; 울퉁불퉁

□ きゅうこうばい(急勾配) = 급경사
□ こうばいがつよい(勾配が強い) = 경사가 심하다
□ こうばいをあがる(勾配を上がる) = 비탈을 올라가다

☐ やねのこうばいがきゅうだ(屋根の勾配が急だ)
　= 지붕의 물매가 싸다

☐ でこぼこなちめん(凸凹な地面) = 울퉁불퉁한 지면
☐ みちがでこぼこしている(道が凸凹している) = 길이 울퉁불퉁하다
☐ でこぼこしたせいせき(凸凹した成績) = 들쭉날쭉한 성적

❷ 나이 든 목수가 공방에 들러 말합니다. "어제 주문한 장지문 와쿠 다 되었나요?" 주물공장 사장이 직원들에게 큰 소리로 말합니다. " 저 가타와쿠에 쇳물을 조심스럽게 부으세요" 신문사 편집장이 기자에게 지시합니다. "이 기사에 와쿠를 두르세요" 사장이 경리담당 이사에게 말합니다. "이번 예산이 와쿠를 넘었나요?"

▶ わく(枠) = 테두리 ; 틀

☐ しょうじのわく(障子の枠) = 장지문 틀
☐ めがねのわく(眼鏡の枠) = 안경테
☐ ほうりつのわく(法律の枠) = 법률의 제약
☐ わくをひろげる(枠を広げる) = 범위를 넓히다
☐ わくをせばめる(枠を狭める) = 범위를 좁히다

□ きじをくろいわくでかこむ(記事を黒い枠で囲む)

　= 기사를 검은 테두리로 두르다

□ よさんのわくをはみだす(予算の枠を食み出す)

　= 예산의 범위를 초과하다

□ ようせんをかたわくにいれる(溶銑を型枠に入れる)

　= 쇳물을 거푸집에 붓다

❸ 조금 거북한 이야기를 해보겠습니다. 5월이 되면 아동문학가 소파(小波) 방정환(方定煥) 선생이 생각납니다. 그런데 그의 호 '소파'는 일본의 아동문학가 이와야 사자나미(巖谷小波)의 이름을 딴 것입니다. 또 이화여전을 졸업하고 일본에서 공부한 경력이 있는 여류문학의 선구자이며 승려인 김일엽(金一葉) 스님은 일본의 여류작가 ひぐちいちよ(樋口一葉)의 이름을 따서 썼습니다. 그 속을 알 수 없는 일입니다.

▶ さざなみ(小波) = 잔물결
▶ いちよう(一葉) = 일엽 ; 한 장

□ なみ(波) = 파도 ; 굴곡
□ なみがあらい(波が荒い) = 파도가 거칠다
□ けいきのなみにのる(景気の波に乗る) = 경기의 물결을 타다

☐ さざなみがたつ(小波が立つ) = 잔물결이 일다

☐ いちようのへんしゅう(一葉の扁舟) = 일엽편주
☐ しゃしんいちよう(写真一葉) = 사진 한 장
☐ いちようおちてあきをしる(一葉落ちて秋を知る)
  = 낙엽을 보고 가을이 오는 것을 알다

❹ 한 젊은이가 취직이 안 돼서 축 처져있는 친구에게 말했습니다. "아니 너 왜 그렇게 히마리가 없니?" '히마리'를 우리말 '힘'에서 온 것으로 알고 있는 사람이 많습니다. 하지만 이 말은 '꼭 죄이다' '야무지다'를 뜻하는 'しまり'라는 일본말을 잘못 발음한 것입니다. 우리나라 사람들이 'しまり'를 '히마리'로 잘못 발음하면서 본디 뜻과는 전혀 다른 뜻으로 쓰이게 되었습니다.

▶ しまり(締り) = 꼭 죄어 있음
▶ しまる(締る) = 단단히 죄이다

☐ しまりのよいねじ(締りの良い螺子) = 잘 죄이는 나사
☐ しまりをつける(締りを付ける) = 매듭을 짓다
☐ こうどうにしまりがない(行動に締りがない)

= 행동이 칠칠치 못하다
- □ かれはしまりのよいひとだ(彼は締りの良い人だ)
    = 그는 낭비를 하지 않는 사람이다
- □ しまりや(締り屋) = 절약가

- □ とがしまる(戸が締る) = 문이 닫히다
- □ ひもがしまる(紐が締る) = 끈이 졸라지다
- □ しまったたいかく(締った体格) = 단단한 체격
- □ しまらないはなし(締らない話) = 시답잖은 이야기

❺ 요새는 잘 들을 수 없지만, 한때 젊은이들이 감탄사로 많이 쓰던 은어 중에 '뎃키리'라는 말이 있었습니다. 이 말은 주로 '매우 좋다' '아주 훌륭하다'의 뜻으로 쓰였습니다. 그런데 이 말은 본디 '틀림없이'라는 뜻의 일본말 'てっきり'를 그대로 발음한 것입니다. 일본어와 발음은 같으나 그 뜻이 전혀 다른 이상한 표현이 되어버렸습니다.

▶ てっきり = 틀림없이 ; 꼭

- □ てっきりそれにちがいない(てっきりそれに違いない)
    = 틀림없이 그것이다

9. 모양과 상태   103

□ てっきりくるとおもった(てっきり来ると思った)
　= 꼭 오리라고 생각했다
□ てっきりかれだとおもった(てっきり彼だと思った)
　= 틀림없이 그인 줄 알았다
□ てっきりかれのしわざだ(てっきり彼の仕業だ)
　= 틀림없이 그의 짓이다

❻ 우리가 가장 많이 쓰는 일본말 중의 하나가 '아타리'입니다. 무엇이 자기의 의도대로 적중되었을 때 '적중' 또는 '명중'했다는 뜻으로 사용하는 것이 일반적이지만, 바둑에서 단수를 칠 때, 당구에서 공이 잘 맞았을 때, 낚시에서 입질이 왔을 때, 건축 현장에서 이음새가 잘 맞았는지 확인할 때 등 실로 광범위하게 사용하고 있습니다.

▶ あたり(当り) = 감촉 ; 적중 ; 성공
▶ あたる(当る) = 명중하다 ; 성공하다 ; 해당하다

□ あたりのやわらかいはだぎ(当りの柔らかい肌着)
　= 감촉이 부드러운 속옷
□ やのあたり(矢の当り) = 화살의 명중
□ あたりをとる(当りを取る) = 대성공을 거두다

□ あたりがいい(当りが良い) = 붙임성이 좋다
□ あたり(当り)がある = (낚시에서) 입질하다

□ きゅうしょにあたる(急所に当る) = 급소에 맞다
□ よそうがあたる(予想が当る) = 예상이 들어맞다
□ くじがあたる(籤が当る) = 복권에 당첨되다
□ えいががあたる(映画が当る) = 영화가 성공을 거두다
□ こうしょうのにんにあたる(交渉の任に当る)
   = 교섭의 임무를 맡다

❼ 음식점을 하는 김 사장이 말합니다. "요새와 같은 불경기에는 남는 건 바라지도 않고 똔똔만 돼도 좋겠어" 김 사장은 득도 없고 실도 없는 상태만 유지해도 좋겠다는 뜻으로 '똔똔'이라는 말을 썼습니다. 그런데 '똔똔'은 '수지가 균형이 잡히다'는 뜻의 일본말입니다. 또 우리들은 '엇비슷함'의 뜻으로 '고부고부'라는 말도 많이 씁니다. 이 말은 일본어의 뜻과 발음을 그대로 사용하고 있는 사례입니다.

▶ とんとん = 엇비슷함 ; 팽팽함 ; 순조로움 ; 가볍게 두드리는 소리
▶ ごぶごぶ(五分五分) = 엇비슷함 ; 비등함

□ ふたりのせいせきはとんとんだ(二人の成績はとんとんだ)

   = 둘의 성적은 엇비슷하다

□ しゅうしがとんとんだ(収支がとんとんだ) = 수지가 팽팽하다

□ しごとがとんとんはこぶ(仕事がとんとん運ぶ)

   = 일이 순조롭게 되어가다

□ とんとんととをたたく(とんとんと戸を叩く)

   = 똑똑 하고 문을 두드리다

□ ごぶ(五分) = 5푼

□ つきごぶのりし(月五分の利子) = 월 5푼의 이자

□ ごぶごぶのしあい(五分五分の試合) = 팽팽한 시합

□ ごぶごぶのしょうぶ(五分五分の勝負) = 5대 5의 승부

□ ごうひはごぶごぶだ(合否は五分五分だ) = 합격 여부는 반반이다

❽ 술집에서 들리는 말입니다. "잔에 술을 잇빠이 따라 주시오" 남편이 아내에게 말합니다. "여보 어제 보일러 기름 잇빠이 넣었어요" 은행에서 고객이 직원에게 말합니다. "대출을 잇빠이 받고 싶습니다." 이와 같이 '잇빠이'는 어떤 상황을 강조할 때 사용하는 말입니다.

▶ いっぱい(一杯) = 한 잔 ; 가득 ; 한도

□ いっぱいのさけ(一杯の酒) = 한 잔의 술
□ ふねいっぱい(舟一杯) = 배 한 척
□ じょうないいっぱいのひと(場内一杯の人) = 장내 가득한 사람
□ わかさいっぱいのせいねん(若さ一杯の青年)
  = 젊음에 가득 찬 청년
□ ちからいっぱいたたかう(力一杯戦う) = 힘껏 싸우다
□ ぎんこうからいっぱいにかりた(銀行から一杯に借りた)
  = 은행에서 한도 껏 빌렸다

❾ 한 노인이 말했습니다. "이 분야에서는 자네가 이치방이야" '이치방'은 '첫째' '제일'이라는 뜻의 일본말입니다. 양복공장 사장이 디자이너에게 말했습니다. "원단이 함빠나지 않게 요령껏 디자인해 주세요" '함빠'는 '어중간한 상태'를 뜻하는 일본말입니다.

▶ いちばん(一番) = 첫째 ; 제일 ; 우선
▶ はんぱ(半端) = 불완전함 ; 어중간함

□ いちばんめ(一番目) = 첫 번째
□ いちばんはじめ(一番始め) = 제일 먼저
□ いちばんでんしゃ(一番電車) = 시발 전차

9. 모양과 상태 107

☐ いちばんどりがなく(一番鶏が鳴く) = 첫닭이 울다
☐ いちばんあつい(一番暑い) = 가장 덥다

☐ ちゅうとはんぱ(中途半端) = 불완전함
☐ はんぱなぬの(半端な布) = 조각 천
☐ はんぱがでる(半端が出る) = 자투리(끄트러기)가 생기다
☐ はんぱないち(半端な位置) = 어중간한 위치
☐ はんぱなきもち(半端な気持ち) = 어중간한 기분

❿ 사장님 몇몇이 모여 원칙주의자로 소문난 공무원을 성토하고 있었습니다. "그 사람은 어쩌면 그렇게 유도리가 없는지 몰라. 둥글둥글하게 처신해야 출세하는데 말이야. 저러다 한 방에 날아가지 별 수 있겠나?" 여기서 '유도리'는 '융통성'을 뜻하는 말로 쓰이고 있습니다. 그러나 본디 'ゆとり'는 '여유'를 뜻하는 일본말입니다.

▶ ゆとり = 여유

☐ こころのゆとり(心のゆとり) = 마음의 여유
☐ ゆとりをもつ(ゆとりを持つ) = 여유를 갖다

□ ゆとりのあるせいかつ(ゆとりのある生活) = 여유 있는 생활
□ まだへやにゆとりがある(まだ部屋にゆとりがある)
  = 아직 방에 여유가 있다

kotoba

こうばい(勾配) = 경사
やね(屋根) = 지붕
ちめん(地面) = 지면
せいせき(成績) = 성적
ほうりつ(法律) = 법률
きじ(記事) = 기사
よさん(予算) = 예산
ようせん(溶銑) = 쇳물
かたわく(型枠) = 거푸집
へんしゅう(扁舟) = 편주
こうどう(行動) = 행동
しまりや(締り屋) = 절약가
たいかく(体格) = 체격
しわざ(仕業) = 짓
はだぎ(肌着) = 속옷
きゅうしょ(急所) = 급소

くじ(籤) = 복권
こうしょう(交渉) = 교섭
せいせき(成績) = 성적
しゅうし(収支) = 수지
りし(利子) = 이자
しょうぶ(勝負) = 승부
ごうひ(合否) = 합격 여부
いっぱい(一杯) = 한 잔 ; 가득
じょうない(場内) = 장내
せいねん(青年) = 청년
ぎんこう(銀行) = 은행
いちばん(一番) = 첫째 ; 우선
はんぱ(半端) = 불완전함
いちばんどり(一番鶏) = 첫닭
ちゅうとはんぱ(中途半端)
　　= 불완전함

kotoba

ぬの(布) = 헝겊
いち(位置) = 위치
きもち(気持ち) = 기분

ゆとり = 여유
せいかつ(生活) = 생활
へや(部屋) = 방

あがる(上がる) = 올라가다
ひろげる(広げる) = 넓히다
せばめる(狭める) = 좁히다
かこむ(囲む) = 두르다
もつ(持つ) = 갖다
はみだす(食み出す) = 초과하다
あらい(荒い) = 거칠다
のる(乗る) = 타다
たつ(立つ) = 일어나다
おちる(落ちる) = 떨어지다
しる(知る) = 알다
しまる(締る) = 죄이다

つける(付ける) = 붙이다
ちがう(違う) = 다르다
あたる(当る) = 명중하다
やわらかい(柔らかい)
　= 부드럽다
とる(取る) = 취하다
はこぶ(運ぶ) = 나르다
たたく(叩く) = 두드리다
わかい(若い) = 젊다
たたかう(戦う) = 싸우다
かりる(借りる) = 빌리다
なく(鳴く) = 울다

10

정치인의 뒷모습

❶ 한때 정치계에서 '사쿠라'라는 말이 유행한 적이 있었습니다. 이 말은 주로 변절한 정치인을 가리키는 말로 사용되었습니다. 본디 '사쿠라'는 '바람잡이' '야바위꾼'을 뜻하는 일본말입니다. 그 말이 우리나라에서는 본래의 뜻과 다르게 사용되고 있는 것입니다. 또 '사쿠라'는 일본인이 가장 좋아하는 벚꽃을 뜻하는 말이기도 합니다. 하지만 전자의 '사쿠라'와 후자의 '사쿠라'는 전혀 관련이 없는 별개의 어휘입니다.

▶ さくら = 바람잡이 ; 야바위꾼 ; 박수꾼
▶ さくら(桜) = 벚꽃

□ さくらのわかぎ(桜の若木) = 어린 벚나무

□ さくらのつぼみ(桜の蕾) = 벚꽃 봉오리
  □ やえのさくら(八重の桜) = 겹꽃잎의 벚꽃

❷ 박근혜 전 대통령을 '누님'으로 부르는 국회의원이 있다고 합니다. 세상 사람들이 말합니다. "대통령이기 전에 여자잖아. 하여튼 그 사람 남성으로서 매력도 있고 '사바사바'하는 요령이 남다른가봐" 여기서 '사바사바'는 상대에게 아첨을 떨어서 환심을 산다는 뜻으로 쓰였습니다. 그러나 '사바사바'는 본디 '마음이 후련하고 시원시원한 모양'을 뜻하는 일본말입니다. 우리나라에서 '사바사바'가 본래의 뜻과 전혀 다르게 사용되고 있는 것입니다.

▶ さばさば = 마음이 후련한 모양 ; 성격이 시원시원한 모양

  □ しけんがすんでさばさばする(試験が済んでさばさばする)
    = 시험이 끝나서 홀가분하다
  □ さばさばしたひと(さばさばした人) = 성격이 시원시원한 사람
  □ かれとわかれてさばさばしたきぶんだ(彼と別れてさばさばした気分だ) = 그와 헤어져서 기분이 후련하다

❸ 어떤 국회의원이 큰 소리로 말합니다. "이렇게 중요한 일을 어떻게 야당과 담합해서 처리할 수가 있습니까?" 여기서 '담합'은 결코 좋은 의미로 사용한 말이 아니라는 것을 알 수 있습니다. '담합'을 일본어로 'だんごう'라고 하는데, 이 말에는 좋고 나쁜 두 가지 의미가 있습니다. ① 나쁜 의미로 '담합하다' ② 좋은 의미로 '상의하다'

▶ だんごう(談合) = 담합 ; 상의

□ だんごうこうい(談合行為) = 담합 행위
□ だんごうにゅうさつ(談合入札) = 담합 입찰
□ ぎょうしゃかんのだんごう(業者間の談合) = 업자간의 담합
□ だんごうざい(談合罪) = 담합 죄

□ みんなでだんごうしたらよい(皆で談合したら良い)
  = 다 같이 상의하면 좋다
□ ひざともだんごう(膝とも談合)
  = 무릎과도 상의하라(급할 때는 아무하고나 상의해라)
□ だんごうしてかいけつする(談合して解決する)
  = 상의해서 해결하다

❹ S 그룹의 회장과 그의 처남이며 우리나라 굴지의 언론사 사장이 정치인에게 뇌물을 어떻게 줄지 모의하는 녹취록이 공개되어 충격을 준 적이 있습니다. 재계와 정치계가 뇌물로 얽혀있다는 것이 드러난 것이지요. 뇌물을 일본어로 '와이로'라고 합니다. 근년에는 '와이로'라는 말 대신에 '촌지'라는 말이 신문에 자주 등장합니다. 그런데 이 말도 'すんし(寸志)'라는 일본식 한자어를 우리식으로 발음한 것입니다. 본디 'すんし'는 그야말로 성의를 표하는 정도의 선물이라는 뜻이지만, 우리나라에서의 촌지는 주로 돈을 주는 것입니다. 뇌물의 다른 이름이라고 할 수 있습니다.

▶ わいろ(賄賂) = 뇌물
▶ すんし(寸志) = 촌지 ; 변변치 않은 선물

☐ わいろをつかう(賄賂を使う) = 뇌물을 쓰다
☐ わいろをおくる(賄賂を贈る) = 뇌물을 주다
☐ わいろをもらう(賄賂を貰う) = 뇌물을 받다
☐ わいろがきかない(賄賂が利かない) = 뇌물이 통하지 않는다
☐ わいろでばいしゅうする(賄賂で買収する) = 뇌물로 매수하다

☐ すんしをあらわす(寸志を表わす) = 촌지를 표하다
☐ しゃれいきんのめいもくでだすすんし(謝礼金の名目で出す寸志)
 = 사례금 명목으로 내는 촌지

□ すんしですがおおさめください(寸志ですがお納め下さい)
　= 변변치 않지만 받아주세요

❺ 정치인은 정식으로 정치자금을 모을 수 있습니다. 그러나 그것만으로 부족함을 느끼는 정치인은 뇌물에 눈을 돌리는 경우도 있습니다. 소위 '하바쓰'의 영수는 뇌물 액수가 크겠지요. 그들은 조직을 '단도리'하기 위해 뇌물을 추종자들에게 '분빠이'합니다. 요새는 모 대기업의 그룹 차원 뇌물이라고 할 수 있는 소위 '차떼기 사건'은 안 일어나겠지요.

▶ はばつ(派閥) = 파벌
▶ だんどり(段取り) = 방도 ; 절차
▶ ぶんぱい(分配) = 분배

□ とうないはばつ(党内派閥) = 당내 파벌
□ はばつのりょうしゅう(派閥の領袖) = 파벌의 영수
□ はばつあらそい(派閥争い) = 파벌 싸움

□ けっこんのだんどり(結婚の段取り) = 결혼의 절차
□ しきのだんどりをきめる(式の段取りを決める)

= 식의 절차를 미리 정하다
□ しごとのだんどりをつける(仕事の段取りを付ける)
　　　= 일의 순서를 정하다

□ とみのぶんぱい(富の分配) = 부의 분배
□ しょとくのさいぶんぱい(所得の再分配) = 소득의 재분배
□ いちようにぶんぱいする(一樣に分配する) = 똑같이 분배하다

❻ 파벌 내에서도 어느 정도 '지분'을 갖는 정치인이 있습니다. 소위 '고참' 측에 드는 중간 보스지요. 그들 밑에 '신참' 즉 정치 초년생들이 줄을 섭니다. 그들은 고참이 탄 차에 '합승'하지 않으면 다음 선거에서 배제될 수도 있을 것입니다. 그들은 보스의 지시대로 움직이는 '사쿠라'가 될 수밖에 없습니다.

▶ もちぶん(持分) = 지분 ; (자기의) 몫
▶ ふるかぶ(古株) = 고참
▶ しんまえ(新前) = 신참
▶ あいのり(相乘り) = 같이 탐 ; 합승

　□ もちぶんけん(持分權) = 지분권

□ じぶんのもちぶん(自分の持分) = 자기의 몫

□ ふるかぶのやくいん(古株の役員) = 고참 임원
□ ふるかぶになる(古株になる) = 고참이 되다

□ しんまえのぎいん(新前の議員) = 신참 의원
□ しんまえのわかいしゃいん(新前の若い社員) = 풋내기 젊은 사원
□ しょうばいはしんまえです(商売は新前です) = 장사는 처음입니다

□ タクシーのあいのり(タクシーの相乗り) = 택시 합승
□ あいのりでつうきんする(相乗りで通勤する) = 합승으로 통근하다

❼ 국회의원의 '자질'이 문제가 되기도 합니다. 서울 강남구의 여성 의원 L 씨는 걸핏하면 "사퇴하세요"를 남발해서 빈축을 샀는데, 그보다 국정감사 때 '야지' '겐세이' 등과 같은 일본말을 거침없이 쏟아 내서 저질이라는 비난 여론이 거세졌습니다. 국회의원의 자질은 곧 그 지역구 주민의 자질이라는 말이 돕니다.

▶ ししつ(資質) = 자질
▶ やじ(野次) = 야유 ; 놀림

▶ けんせい(牽制) = 견제

□ すぐれたししつ(優れた資質) = 뛰어난 자질
□ ししつにめぐまれる(資質に恵まれる) = 자질을 타고나다
□ せいじかとしてのししつにかける(政治家としての資質に欠ける)
   = 정치가로서의 자질이 없다

□ やじをとばす(野次を飛ばす) = 야유를 퍼붓다
□ やじがとびかう(野次が飛び交う) = 야유가 난비하다
□ やじにおうしゅうする(野次に応酬する) = 야유에 응수하다

□ けんせいがつよまる(牽制が強まる) = 견제가 강화되다
□ どくそうをけんせいする(独走を牽制する) = 독주를 견제하다
□ りんごくをけんせいする(隣国を牽制する) = 이웃나라를 견제하다

❽ 소위 친박 세력을 대표하는 국회의원이며 경제부총리를 지낸 아무개 씨가 뇌물죄로 형이 확정되어 오늘 날짜로 의원직을 상실했습니다. 그는 앞으로 5년간 '형무소'에서 생활해야 할 것 같습니다. '면회'와 '사시이레'는 자유롭겠지만 정치를 재개하기는 어려울 것 같습니다.

- ▶ けいむしょ(刑務所) = 형무소
- ▶ めんかい(面会) = 면회
- ▶ さしいれ(差入れ) = 차입

- □ けいむしょにはいる(刑務所に入る) = 형무소에 들어가다
- □ けいむしょにぶちこむ(刑務所に打ち込む) = 형무소에 처넣다
- □ ごねんかんふくえきする(五年間服役する) = 5년간 복역하다

- □ めんかいび(面会日) = 면회일
- □ めんかいしゃぜつ(面会謝絶) = 면회사절
- □ めんかいをゆるす(面会を許す) = 면회를 허가하다

- □ さしいれる(差入れる) = 안으로 들여보내다 ; 차입하다
- □ いるいをさしいれる(衣類を差入れる) = 옷가지를 차입하다
- □ ゆうびんぶつさしいれぐち(郵便物差入れ口) = 우편물 투입구

 **kotoba**

さくら(桜) = 벚꽃
わかぎ(若木) = 어린나무
つぼみ(蕾) = 봉오리
しけん(試験) = 시험
きぶん(気分) = 기분
だんごう(談合) = 담합 ; 상의
こうい(行為) = 행위
にゅうさつ(入札) = 입찰
ぎょうしゃ(業者) = 업자
ひざ(膝) = 무릎
かいけつ(解決) = 해결
ばいしゅう(買収) = 매수
めいもく(名目) = 명목
しゃれい(謝礼) = 사례
ぶんぱい(分配) = 분배
とうない(党内) = 당내

りょうしゅう(領袖) = 영수
けっこん(結婚) = 결혼
しごと(仕事) = 일
しょとく(所得) = 소득
いちように(一様に) = 똑같이
もちぶん(持分) = 지분 ; 몫
ふるかぶ(古株) = 고참
しんまえ(新前) = 신참
あいのり(相乗り) = 합승
もちぶんけん(持分権) = 지분권
じぶん(自分) = 자기
やくいん(役員) = 임원
ぎいん(議員) = 의원
しゃいん(社員) = 사원
しょうばい(商売) = 장사
つうきん(通勤) = 통근

# kotoba

ししつ(資質) = 자질
やじ(野次) = 야유 ; 놀림
けんせい(牽制) = 견제
おうしゅう(応酬) = 응수
どくそう(独走) = 독주
りんごく(隣国) = 이웃나라
けいむしょ(刑務所) = 형무소

めんかい(面会) = 면회
さしいれ(差入れ) = 차입
ふくえき(服役) = 복역
しゃぜつ(謝絶) = 사절
めんかい(面会) = 면회
いるい(衣類) = 의류
ゆうびんぶつ(郵便物) = 우편물

すむ(済む) = 끝나다
わかれる(別れる) = 헤어지다
おくる(贈る) = 보내다
もらう(貰う) = 받다
あらわす(表わす) = 표하다
おさめる(納める) = 납입하다
あらそう(争う) = 다투다
きめる(決める) = 정하다

すぐれる(優れる) = 뛰어나다
めぐまれる(恵まれる)
  = 혜택을 받다
かける(欠ける) = 결여하다
とばす(飛ばす) = 날리다
ゆるす(許す) = 허가하다
つよまる(強まる) = 강화되다
ぶちこむ(打ち込む) = 처넣다

건축

❶ 건축 현장에서 일본어가 가장 많이 쓰입니다. '현장'을 '겐바'라고 하고 목수를 '쇼쿠닌'이라고 합니다. 현장 감독을 '오야' 또는 '오야지'라고 부릅니다. '쇼쿠닌' 밑에는 허드렛일을 하는 일꾼들이 있습니다. 그들을 '데모토'라고 합니다.

- ▶ げんば(現場) = 현장
- ▶ しょくにん(職人) = 직인
- ▶ おやじ(親父) = 아버지
- ▶ てもと(手元) = 바로 옆 ; 생계 ; 조수

- □ こうじげんば(工事現場) = 공사 현장
- □ げんばかんとく(現場監督) = 현장 감독

☐ げんばをおさえる(現場を押さえる) = 현장을 덮치다

☐ しょくにんかたぎ(職人気質) = 장인 기질
☐ かたなをつくるしょくにん(刀を作る職人) = 칼을 만드는 장인
☐ うでききのしょくにん(腕利きの職人) = 솜씨가 좋은 장인

☐ うちのおやじ(内の親父) = 우리 아버지
☐ そのおやじにそのこ(その親父にその子) = 그 애비에 그 아들
☐ たばこやのおやじ(煙草屋の親父) = 담배 가게 영감

☐ てもとにおいておしえる(手元に置いて教える)
　= 곁에 두고 가르치다
☐ てもとふによい(手元不如意) = 살림이 어려움
☐ てもとにはいる(手元に入る) = 조수로 들어가다

❷ 한 회사가 모든 일을 도맡아 할 수 없는 것이 건축업입니다. 많은 일이 규모가 작은 회사에게 하도급 형태로 맡겨집니다. 이것을 'うけとり'라고 합니다. 차량이나 장비를 소유한 개인이 공사 현장에 가서 일하고 회사로부터 돈을 받는 경우도 있습니다. 이것을 'もちこみ'라고 합니다. 건설 현장에는 'はんば'라는 노무자 합숙소가 있습니다.

▶ うけとり(受取り) = 받음 ; 수취함
▶ もちこみ(持込み) = 가지고 들어 옴 ; 지참
▶ はんば(飯場) = 노무자 합숙소

□ うけとりにいく(受取りに行く) = 받으러 간다
□ うけとる(受取る) = 받다
□ だいきんをうけとる(代金を受取る) = 대금을 받다
□ ぜんいにうけとる(善意に受取る) = 선의로 받아들이다

□ じしょのもちこみきんし(辞書の持込み禁止) = 사전 지참 금지
□ もちこむ(持込む) = 가지고 들어오다
□ ばくだんをもちこむ(爆弾を持込む) = 폭탄을 가지고 들어오다
□ くじょうをもちこむ(苦情を持込む) = 불평을 해 오다

❸ 집을 짓는 데 가장 중요한 재료는 통나무를 뜻하는 '마루타'와 마감재로 많이 쓰이는 판자인 '이타' 등 목재입니다. 그리고 플러그와 같은 콘센트 부품을 뜻하는 '사시코미' 또한 많이 쓰이는 재료입니다.

▶ まるた(丸太) = 통나무
▶ いた(板) = 판자

▶ さしこみ(差し込み) = 찔러 넣음 ; 플러그

☐ まるたごや(丸太小屋) = 통나무 오두막집
☐ まるたをくむ(丸太を組む) = 통나무를 엮다
☐ まるたでさくをかこむ(丸太で柵を囲む)
  = 통나무로 울짱을 두르다

☐ あついいた(厚い板) = 두꺼운 판자
☐ てつのいた(鉄の板) = 철판
☐ まないた(俎板) = 도마

☐ さしこむ(差し込む) = 꽂다 ; 햇빛이 들어오다
☐ プラグをさしこむ(プラグを差し込む) = 플러그를 꽂다
☐ にしびがさしこむ(西日が差し込む) = 저녁 햇빛이 들어오다

❹ 나이 든 목수에게 집을 짓은 순서를 물었습니다. 그는 대략 다음과 같이 대답했습니다. 먼저 집 지을 곳의 '기소'를 다지고, 그 위에 '하시라'를 세웁니다. 그리고 '하리'와 '다루키'를 올리면 집의 골격이 완성됩니다.

▶ きそ(基礎) = 기초
▶ はしら(柱) = 기둥
▶ はり(梁) = 들보
▶ たるき(垂木) = 서까래

☐ きそこうじ(基礎工事) = 기초공사
☐ きそちしき(基礎知識) = 기초지식
☐ きそ(基礎)がしっかりしている = 기초가 튼튼하다

☐ はしらのしん(柱の心) = 기둥의 중심
☐ でんしんばしら(電信柱) = 전신주
☐ くにのはしら(国の柱) = 나라의 기둥감

☐ ながいはり(長い梁) = 긴 들보
☐ はしらではりをささえる(柱で梁を支える)
　= 기둥으로 들보를 떠받치다
☐ たるきわり(垂木割り) = 서까래 배치법

❺ 나이 든 목수는 말을 이었습니다. 이층집을 지을 때는 먼저 '가이단'을 설치합니다. 그리고 '가베'를 치고, 필요하면 문을 설치합니다.

'노키'와 '히사시'를 어떻게 설치하느냐에 따라 집의 외관이 달라집니다.

▶ かいだん(階段) = 계단
▶ かべ(壁) = 벽
▶ のき(軒) = 처마
▶ ひさし(庇) = 차양

☐ ひじょうかいだん(非常階段) = 비상계단
☐ かいだんのてすり(階段の手摺) = 계단의 난간
☐ かいだんをのぼる(階段を上る) = 계단을 오르다

☐ かべにみみあり(壁に耳あり) = 벽에도 귀가 있다
☐ かべによりかかる(壁に寄掛る) = 벽에 기대다
☐ けんきゅうがかべにぶつかる(研究が壁にぶつかる)
　= 연구가 벽에 부딪히다

☐ のきのたまみず(軒の玉水) = 처마 밑에서 떨어지는 물방울
☐ のきをならべる(軒を並べる) = 처마를 잇대고 있다
☐ のきをあらそう(軒を争う) = 집들이 꽉 들어차 있다

❻ 목수는 항상 '샤쿠' 특히 '마키쟈쿠'를 몸에 지니고 있습니다. '메모리'는 읽고 '하바'를 재는 것이 목수의 가장 큰 일이기 때문입니다. 나무를 고정시킬 때 '네지'를 조이는 일도 목수에게 가장 중요한 일입니다.

▶ しゃく(尺) = 자
▶ めもり(目盛り) = 눈금
▶ はば(幅) = 폭 ; 넓이
▶ ねじ(螺子) = 나사 ; 태엽을 감는 장치

☐ しゃっかんほう(尺貫法) = 척관법
☐ しゃくをとる(尺を取る) = 자로 재다
☐ まきじゃくでながさをはかる(巻き尺で長さを計る)
  = 줄자로 길이를 재다

☐ めもりをきざむ(目盛りを刻む) = 눈금을 새기다
☐ めもりをよむ(目盛りを読む) = 눈금을 읽다
☐ はかりのめもり(秤の目盛り) = 저울의 눈금

☐ だんすのはば(箪笥の幅) = 장롱의 폭
☐ かわのはば(川の幅) = 강의 폭
☐ はばがひろい(幅が広い) = 너비가 넓다

□ ねあげはば(値上げ幅) = 가격 인상 폭

□ もくねじ(木螺子) = 나사못(볼트)
□ ねじがあまい(螺子が甘い) = 나사가 헐겁다
□ ねじをまく(螺子を巻く) = 태엽을 감다

❼ 높은 건물을 지을 때는 '아시바'를 설치해야 외벽 작업을 할 수 있습니다. 목수가 '야스리'와 '데코'를 사용해서 작업을 해야 할 때도 있습니다. 경험이 많은 목수는 일이 끝난 뒤에 '기렛빠시'가 거의 없도록 작업하지요. '기렛빠시'는 'きれはし'를 세게 발음한 것입니다.

▶ あしば(足場) = 발판 ; 비계 ; 발붙일 곳
▶ やすり(鑢) = 줄 = 쇠붙이를 가는 연장
▶ てこ(梃子) = 지레
▶ きれはし(切れ端) = 지저깨비 ; 토막

□ あしばくぎ(足場釘) = (전주 따위의) 디딤 못
□ あしばをかける(足場を架ける) = 비계를 설치하다
□ あしばがくずれる(足場が崩れる) = 기반이 무너지다

☐ やすりをかける(鑢を掛ける) = 줄질을 하다

☐ てこのげんり(梃子の原理) = 지레의 원리
☐ てこでもちあげる(梃子で持ち上げる) = 지레로 들어 올리다

☐ きのきれはし(木の切れ端) = 나무토막
☐ ぬののきれはし(布の切れ端) = 헝겊 자투리
☐ しょくぱんのきれはし(食パンの切れ端) = 식빵 부스러기

❽ 사무실 바닥은 시멘트와 잔돌을 섞어 다진 다음 '도기다시'를 하면 반들반들하게 됩니다. 건물이 거의 완성되면 땅을 파고 '도깡'을 묻어 상수도와 하수도를 연결하고, 파낸 곳을 다시 메우는 '우메다테' 작업을 합니다.

▶ とぎだし(研ぎ出し) = (돌 따위를) 갈아서 윤이나 무늬를 냄
▶ どかん(土管) = 토관
▶ うめたて(埋め立て) = 매립

☐ みかげいしのとぎだし(御影石の研ぎ出し) = 화강석을 윤나게 갊

- □ どかんをうめる(土管を埋める) = 토관을 묻다
- □ どかんがつまる(土管が詰まる) = 토관이 막히다
- □ どかんのつまりをとおす(土管の詰まりを通す) = 막힌 토관을 뚫다

- □ うめたてこうじ(埋め立て工事) = 매립공사
- □ うめたてる(埋め立てる) = 매립하다
- □ いけをうめたてる(池を埋め立てる) = 연못을 메우다

❾ 벽돌쌓기 공사가 끝나면 미장 공사가 시작됩니다. 벽면에 흙이나 시멘트를 바르고 '나라시'합니다. 고르지 못한 곳이 있으면 '나오시'하고, 큰 문제가 없으면 '시아게'합니다. 건축 공사는 이와 같은 과정을 거쳐서 '시마이'하게 됩니다.

- ▶ ならし(均し) = 고르게 함
- ▶ なおし(直し) = 고침 ; 바로잡음
- ▶ しあげ(仕上げ) = 마무리
- ▶ しまい(仕舞い) = 끝

- □ ちならし(地均し) = 땅고르기
- □ ならす(均す) = 고르게 하다

□ はいぶんをならす (配分を均す) = 배분을 고르게 하다

□ じょうまえなおし (錠前直し) = 자물쇠 수리
□ あやまりをなおす (誤りを直す) = 잘못을 고치다
□ びょうきをなおす (病気を直す) = 병을 고치다

□ しあげだんかい (仕上げ段階) = 마무리 단계
□ しあげをいそぐ (仕上げを急ぐ) = 마무리를 서둘다
□ ねんいりなしあげ (念入りな仕上げ) 공들인 끝손질

□ これでおしまい (これで御仕舞い) = 이만 끝
□ えいがをしまいまでみる (映画を仕舞いまで見る)
  = 영화를 끝까지 보다
□ ものをしまいわすれる (物を仕舞い忘れる)
  = 물건 치우는 것을 잊다

 **kotoba**

げんば(現場) = 현장
しょくにん(職人) = 직인
てもと(手元) = 조수
こうじ(工事) = 공사
かんとく(監督) = 감독
かたぎ(気質) = 기질
うできき(腕利き) = 솜씨
ふにょい(不如意) = 어려움
うけとり(受取り) = 받음
もちこみ(持込み) = 지참
だいきん(代金) = 대금
ぜんい(善意) = 선의
じしょ(辞書) = 사전
きんし(禁止) = 금지
ばくだん(爆弾) = 폭탄
くじょう(苦情) = 고충

まるた(丸太) = 통나무
いた(板) = 판자
さしこみ(差し込み) = 플러그
ごや(小屋) = 오두막집
さく(柵) = 울타리
まないた(俎板) = 도마
にしび(西日) = 저녁 햇빛
きそ(基礎) = 기초
はしら(柱) = 기둥
たるき(垂木) = 서까래
はり(梁) = 들보
ちしき(知識) = 지식
かいだん(階段) = 계단
かべ(壁) = 벽
のき(軒) = 처마
ひさし(庇) = 차양

kotoba

てすり(手摺) = 난간
けんきゅう(研究) = 연구
たまみず(玉水) = 낙숫물
しゃく(尺) = 자
めもり(目盛り) = 눈금
ねじ(螺子) = 나사
しゃっかんほう(尺貫法) = 척관법
まきじゃく(巻き尺) = 줄자
はかり(秤) = 저울
ねあげ(値上げ) = 가격 인상
もくねじ(木捻子) = 나사못
あしば(足場) = 발판
やすり(鑢) = 줄
てこ(梃子) = 지레
きれはし(切れ端) = 지저깨비

げんり(原理) = 원리
どかん(土管) = 토관
とぎだし(研ぎ出し) = 갈아서 윤을 냄
みかげいし(御影石) = 화강석
いけ(池) = 연못
ならし(均し) = 고르게 함
ちならし(地均し) = 땅고르기
しあげ(仕上げ) = 마무리
しまい(仕舞い) = 끝
はいぶん(配分) = 배분
じょうまえ(錠前) = 자물쇠
あやまり(誤り) = 잘못
びょうき(病気) = 병
だんかい(段階) = 단계
ねんいり(念入り) = 공들임

 **kotoba**

おさえる(押さえる) = 누르다
つくる(作る) = 만들다
おしえる(教える) = 가르치다
うけとる(受取る) = 받다
もちこむ(持込む)
= 가지고 들어오다
かこむ(囲む) = 둘러싸다
あつい(厚い) = 두껍다
さしこむ(差し込む) = 꽂다
ながい(長い) = 길다

わる(割る) = 나누다
ささえる(支える) = 떠받치다
のぼる(上る) = 오르다
よりかかる(寄掛る) = 기대다
あらそう(争う) = 다투다
はかる(計る) = 재다

きざむ(刻む) = 새기다
よむ(読む) = 읽다
あまい(甘い) = 달다
まく(巻く) = 감다
かける(架ける)
= 비계를 설치하다
くずれる(崩れる) = 무너지다
もちあげる(持ち上げる)
= 들어 올리다
うめる(埋める) = 묻다

つまる(詰まる) = 막히다
とおす(通す) = 통하다
うめたてる(埋め立てる)
= 매립하다
いそぐ(急ぐ) = 서둘다
わすれる(忘れる) = 잊다

12

미용 · 의류 · 봉제

❶ 이발사나 미용사가 가장 많이 쓰는 말은 '바리깡'입니다. '바리깡'은 이발을 하는 기계를 가리키는데, 사실은 그 기계를 만든 회사 상호입니다. 머리 전체를 '바리깡'으로 미는 것을 '마루가리'라고 합니다. 가위를 뜻하는 '하사미' 면도칼을 뜻하는 '가미소리' 또한 이발사나 미용사가 자주 쓰는 말입니다.

▶ まるがり(丸刈り) = 막깎이
▶ はさみ(鋏) = 가위
▶ かみそり(剃刀) = 면도칼

☐ まるがりのあたま(丸刈りの頭) = 막깎은 머리
☐ まるがりにする(丸刈りにする) = 머리를 빡빡 깎다

□ はさみできる(鋏で切る) = 가위로 자르다
□ はさみがばかになる(鋏が馬鹿になる) = 가위가 못쓰게 되다
□ にわきにはさみをいれる(庭木に鋏を入れる) = 정원수를 가지치다

□ でんきかみそり(電気剃刀) = 전기면도기
□ かみそりでひげをそる(剃刀で髭を剃る) = 면도칼로 수염을 밀다
□ かみそりパンチ(剃刀パンチ) = (면도날처럼) 예리한 펀치

❷ 미용실에서는 파머를 하기 위해 '고데'를 사용합니다. 머리를 손질하는 방법에는 머리카락 끝을 안쪽으로 마는 '우치마키', 바깥쪽으로 마는 '소토마키', 머리카락을 흩트린 채 모양을 내는 '치라시' 등이 있습니다.

▶ こて(鏝) = 인두 ; 흙손
▶ うちまき(内巻き) = 안쪽으로 마는 파머
▶ そとまき(外巻き) = 바깥쪽으로 마는 파머
▶ ちらし(散らし) = 흩뜨린 머리 모양

□ やきごて(焼き鏝) = 땜인두
□ こてでかべをぬる(鏝で壁を塗る) = 흙손으로 벽을 바르다

- ☐ まく(巻く) = 감다 ; 말다
- ☐ まいたけ(巻いた毛) = 둥글게 만 머리
- ☐ かみをぐるぐるとまく(紙をぐるぐると巻く) = 종이를 둘둘 말다
- ☐ いとをいとぐるまにまく(糸を糸車に巻く) = 실을 실패에 감다
- ☐ おにぎりをのりでまく(お握りを海苔で巻く)
    = 주먹밥을 김으로 싸다

- ☐ ちらす(散らす) = 흩뜨리다 ; 퍼뜨리다
- ☐ かみをちらす(髪を散らす) = 머리를 흩뜨리다
- ☐ きをちらす(気を散らす) = 정신을 어지럽게 하다
- ☐ うわさをまきちらす(噂を撒き散らす) = 소문을 퍼뜨리다

❸ 미용실에서 여러 가지 방법으로 부풀린 머리를 '후카시'했다고 하지요? 머리 손질이 끝나면 얼굴이나 어깨 등에 '싯푸'를 해 주는 미용실도 있습니다. 이런 서비스는 미용사 밑에서 일을 배우는 '시타'가 맡아서 합니다.

- ▶ ふかし = 머리를 높이 띄워 모양을 내는 헤어스타일
- ▶ しっぷ(湿布) = 찜질
- ▶ した(下) = 아래 ; 아랫사람

- □ ふかす(吹かす) = 티를 내다
- □ せんぱいかぜをふかす(先輩風を吹かす) = 선배 티를 내다
- □ エンジンをふかす(エンジンを吹かす)
  = 엔진을 고속으로 회전시키다

- □ おんしっぷ(温湿布) = 더운찜질
- □ れいしっぷ(冷湿布) = 냉찜질
- □ のどにしっぷする(喉に湿布する) = 목에 찜질하다

- □ したやく(下役) = 아랫사람들
- □ したからのようきゅう(下からの要求) = 아랫사람들의 요구
- □ かれよりとしがしただ(彼より年が下だ) = 그보다 나이가 아래다

❹ 30년 전만 해도 양복을 맞춰 입는 사람이 많았습니다. '~ 라사'라고 써진 양복점 간판이 많이 눈에 띄었습니다. '라사'는 'らしゃ'라는 일본어를 우리식 한자 발음으로 읽은 것입니다. 아직도 옷감을 '기지', 성기게 짠 옷감이나 또는 그런 옷을 '스카시가라'라고 말하는 사람이 적지 않았습니다.

▶ らしゃ(羅紗) = 나사 ; 모직물의 일종

- ▶ きじ(生地) = 옷감 ; 본바탕
- ▶ すかしがら(透し柄) = 성기게 짠 옷감

  - □ ようふくきじ(洋服生地) = 양복감
  - □ うすでのきじ(薄手の生地) = 얇은 옷감
  - □ ひろはばのきじ(広幅の生地) = 광폭의 옷감
  - □ きじがでる(生地が出る) = 본바탕이 드러나다

  - □ すかしあみ(透し編み) = 성기게 뜨는 뜨개질 방법
  - □ すかす(透かす) = 성기게 하다
  - □ えだをすかす(枝を透かす) = 가지를 솎아내다

❺ 옷감의 무늬를 '가라'라고 하는데, 최신 무늬를 '신가라', 줄무늬를 '시마가라', 모양이 큰 무늬를 '오-가라'라고 합니다. 아직도 하늘색을 '소라색'. 감청색을 '곤색'이라고 하는 사람이 의외로 많습니다.

- ▶ がら(柄) = 무늬
- ▶ そらいろ(空色) = 하늘색
- ▶ こんいろ(紺色) = 감색

- □ しんがら(新柄) = 새로 고안된 무늬
- □ しまがら(縞柄) = 줄무늬
- □ おおがら(大柄) = 모양이 큰 무늬
- □ しゃれたがら(洒落た柄) = 멋있는 무늬
- □ はでながら(派手な柄) = 화려한 무늬
- □ がらといろあい(柄と色合い) = 때깔

- □ そら(空) = 하늘
- □ そらをとぶ(空を飛ぶ) = 하늘을 날다
- □ こきょうのそら(故郷の空) = 고향 하늘

- □ こんいろのがくせいふく(紺色の学生服) = 감색 학생복
- □ こんのせびろ(紺の背広) = 감색 신사복
- □ こんしぼり(紺絞り) = 감색의 홀치기염색

❻ 요즈음에는 기성복을 사서 입는 사람이 많아졌습니다. 양복을 맞춰 입는 사람이 그리 많지 않습니다. 그러나 1980년대에는 양복을 맞춰 입는 것이 대세였습니다. 양복점에 가서 치수를 재면, 재단사가 옷의 모형을 만든 종이 즉 '가타가미'를 만듭니다. 그 모양대로 원단을 재단해서 '가봉' 즉 시침바느질로 옷 모양을 만듭니다. '가봉'은 '임시'라

는 뜻 'かり'와 '바느질하다'는 뜻의 'ぬい'가 합해진 일본말입니다.

- ▶ かたがみ(型紙) = 형지 ; 재단을 위해 본을 뜬 종이
- ▶ かりぬい(仮縫い) = 가봉

- ☐ ようさいのかたがみ(洋裁の型紙) = 양재의 본
- ☐ かたがみをとる(型紙を取る) = 형지를 뜨다
- ☐ かたがみにあわせてぬのをたつ(型紙に合わせて布を裁つ)
  = 형지에 맞춰 천을 마르다

- ☐ かり(仮) = 임시
- ☐ かりていりゅうじょ(仮停留所) = 임시정류소
- ☐ かりのおや(仮の親) = 양부모
- ☐ かりけいやく(仮契約) = 가계약

- ☐ ぬう(縫う) = 꿰매다
- ☐ きものをぬう(着物を縫う) = 옷을 꿰매다
- ☐ きずぐちをぬう(傷口を縫う) = 상처를 꿰매다
- ☐ もようをぬう(模様を縫う) = 무늬를 수놓다

❼ 재단사는 '가봉'한 옷을 주문한 사람에게 입혀 보고 다시 신체에 꼭 맞게 크기를 조절하는 작업을 합니다. 이때 '하리' 즉 바늘을 사용합니다. 재단사가 '하리'로 표시한 곳을 다시 손질하면서 본격적인 바느질 즉 '혼누이' 작업에 들어갑니다. 이 과정에서 정밀한 '다치' 작업을 하는 경우도 있습니다.

▶ はり(針) = 바늘
▶ ほんぬい(本縫い) = 본바느질
▶ だち(裁ち) = 재단

□ はりにいとをとおす(針に糸を通す) = 바늘에 실을 꿰다
□ はちのはり(蜂の針) = 벌의 침
□ とけいのはり(時計の針) = 시계 바늘
□ ちゅうしゃきのはり(注射器の針) = 주사기 바늘

□ たつ(裁つ) = 마르다
□ たちだい(裁ち台) = 재단판
□ かたどおりにたつ(型どおりに裁つ) = 옷본대로 마르다
□ たちくず(裁ち屑) = 재단하고 남은 자투리

kotoba

まるがり(丸刈り) = 막깎이

はさみ(鋏) = 가위

かみそり(剃刀) = 면도칼

にわき(庭木) = 정원수

ひげ(髭) = 수염

ちらし(散らし)
 = 흐트린 머리 모양

こて(鏝) = 인두 ; 흙손

やきごて(焼き鏝) = 땜인두

かみ(紙) = 종이

いと(糸) = 실

いとぐるま(糸車) = 실패

おにぎり(お握り) = 주먹밥

のり(海苔) = 김

かみ(髪) = 머리카락

うわさ(噂) = 소문

のど(喉) = 목

しっぷ(湿布) = 찜질

せんぱい(先輩) = 선배

おんしっぷ(温湿布) = 더운찜질

ようきゅう(要求) = 요구

らしゃ(羅紗) = 나사

きじ(生地) = 옷감(본바탕)

ようふく(洋服) = 양복

あみ(編み) = 뜨개질

こんいろ(紺色) = 감색

そらいろ(空色) = 하늘색

がら(柄) = 무늬

しまがら(縞柄) = 줄무늬

いろあい(色合い) = 색조

はで(派手) = 화려한

こきょう(故郷) = 고향

 **kotoba**

せびろ(背広) = 신사복
しぼり(絞り) = 홀치기염색
かりぬい(仮縫い) = 가봉
ようさい(洋裁) = 양재
かり(仮) = 임시
かりのおや(仮の親) = 양부모
けいやく(契約) = 계약
きもの(着物) = 옷

きずぐち(傷口) = 상처
もよう(模様) = 무늬
はり(針) = 바늘
ほんぬい(本縫い) = 본바느질
だち(裁ち) = 재단
ちゅうしゃき(注射器) = 주사기
たちだい(裁ち台) = 재단 판
くず(屑) = 쓰레기

きる(切る) = 자르다
そる(剃る) = 깎다
ぬる(塗る) = 바르다
まく(巻く) = 감다 ; 말다
ちらす(散らす) = 흩뜨리다
まく(撒く) = 뿌리다
ふかす(吹かす) = 티를 내다
うすい(薄い) = 얇다

ひろい(広い) = 넓다
すかす(透かす) = 성기게 하다
とぶ(飛ぶ) = 날다
とる(取る) = 취하다
あわせる(合わせる) = 맞추다
ぬう(縫う) = 꿰매다
とおす(通す) = 통하다
たつ(裁つ) = 마르다

13

바둑

❶ 바둑판은 가로 19줄 세로 19줄이 서로 만나면서 만드는 361개의 점으로 되어 있습니다. 바둑판 중앙을 'ちゅうげん'이라고 하고, 네 모퉁이를 'すみ'라고 합니다. 바둑판에는 굵은 점으로 표시된 9곳의 화점을 'ほし'라고 합니다. 바둑은 상대편과 겨뤄서 집 즉 'じ'를 많이 차지하는 쪽이 이기는 게임입니다.

▶ ちゅうげん(中原) = 중원

▶ すみ(隅) = 구석

▶ ほし(星) = 별

▶ じ(地) = 땅 ; 바탕

□ よすみ(四隅) = 네 귀퉁이

□ はたけのすみ(畑の隅) = 밭의 귀퉁이

□ ほしのひかり(星の光) = 별빛
□ またたくほし(瞬く星) = 깜빡이는 별

□ じのひと(地の人) = 그 지방 사람
□ じのさんぶつ(地の産物) = 토산물
□ じがたりない(地が足りない) = 땅이 부족하다
□ じをだす(地を出す) = 본성을 드러내다

❷ 일본 바둑의 기초를 확립한 인물은 ほんいんぼう さんさ(本因坊算砂)입니다. 16세기 후반에서 17세기 전반에 걸쳐서 활약한 그는 이른바 현대 바둑의 포석 즉 'ふせき' 개념을 처음 창시했습니다. 그는 めいじん(名人)이라는 칭호를 사용했습니다. とくがわ いえやす(徳川家康)는 ほんいんぼう さんさ에게 일본 바둑계를 지배할 수 있는 특권을 부여했습니다. 바둑은 정석 즉 'じょうせき'라는 개념이 도입되면서 전체적인 모양 즉 'もよう'를 중시하게 되었습니다.

▶ ふせき(布石) = 포석
▶ めいじん(名人) = 명인

▶ じょうせき(定石) = 정석
▶ もよう(模様) = 모양

□ ふせきをうつ(布石を打つ) = 포석을 두다
□ ふせきをあやまる(布石を誤る) = 포석을 잘못하다
□ ふせきをけんきゅうする(布石を研究する) = 포석을 연구하다

□ めいじんせん(名人戦) = 명인전
□ めいじんげい(名人芸) = 명인의 솜씨
□ たぐいないめいじん(類ない名人) = 유례 없는 명인

□ ごのじょうせき(碁の定石) = 바둑의 정석
□ じょうせきどおりにうつ(定石通りに打つ) = 정석대로 두다
□ しょうばいのじょうせき(商売の定石) = 장사의 정석

❸ 바둑에는 고수가 있고 하수가 있습니다. 고수를 'うわて' 하수를 'したて'라고 합니다. 또 먼저 두는 사람이 있고 나중에 두는 사람이 있습니다. 선수를 'せんて' 후수를 'ごて'라고 합니다. 바둑을 두기 시작하는 것을 착수 즉 'ちゃくしゅ'라고 합니다.

▶ うわて(上手) = 고수
▶ したて(下手) = 하수
▶ せんて(先手) = 선수
▶ ごて(後手) = 후수
▶ ちゃくしゅ(着手) = 착수

□ こちらがいちまいうわてだ(こちらが一枚上手だ)
　= 이쪽이 한 수 위다
□ うわてからふくかぜ(上手から吹く風) = 위쪽에서 부는 바람

□ したてにでる(下手に出る) = 공손하게 굴다
□ したてからこうげきする(下手から攻撃する)
　= 아래쪽에서 공격하다

□ せんてでごをうつ(先手で碁を打つ) = 선수로 바둑을 두다
□ せんてでかつ(先手で勝つ) = 선수로 이기다

□ ごてになる(後手になる) = 후수가 되다
□ ごてにまわる(後手に回る) = 선수를 빼앗기다

□ かいかくにちゃくしゅする(改革に着手する) = 개혁에 착수하다
□ ちゃくしゅがおくれる(着手が遅れる) = 착수가 늦어지다

❹ 바둑을 둘 때 돌을 날일 자[日] 모양으로 두는 것을 'けいま', 눈목 자[目] 모양으로 두는 것을 'おおけいま' 건너가는 것을 'わたる', 걸치는 것을 'かかる', 상대방의 공격에 밀려 가장자리로 기어가듯 돌을 놓는 것을 'はい'라고 합니다.

▶ けいま(桂馬) = 계마
▶ わたる(渡る) = 건너다
▶ かかる(掛る) = 걸리다
▶ はい(這い) = 김

☐ けいまとび(桂馬跳び) = 날일 자로 두기

☐ かわをわたる(川を渡る) = 강을 건너다
☐ ふねでわたる(船で渡る) = 배로 건너가다
☐ とりがわたる(鳥が渡る) = 철새가 이동하다

☐ きにかかる(気に掛る) = 마음에 걸리다
☐ とおかかかる(十日掛る) = 열흘 걸리다
☐ はしがかかる(橋が掛る) = 다리가 놓이다

☐ はう(這う) = 기다
☐ あかちゃんがはう(赤ちゃんが這う) = 어린애가 기어가다

□ つたがはう (蔦が這う) = 담쟁이덩굴이 뻗다

❺ 바둑의 격언에 '붙이면 젖히고, 젖히면 끊어라' 라는 말이 있습니다. '붙이다'는 'つける', '젖히다'는 'はねる', '끊다'는 'きる'입니다. 상대방의 형세를 들여다보는 것을 '노조키'라고 합니다.

▶ つける (付ける) = 붙이다
▶ はねる (跳ねる) = 뛰다 ; 튀다
▶ きる (切る) = 끊다
▶ のぞき (覗き) = 엿봄

□ にかわでつける (膠で付ける) = 아교로 붙이다
□ ちゅうをつける (注を付ける) = 주석을 달다
□ そでをつける (袖を付ける) = 소매를 달다

□ うまがはねる (馬が跳ねる) = 말이 뛰어오르다
□ どろがはねる (泥が跳ねる) = 흙탕물이 튀다
□ くりのいががはねる (栗の毬が跳ねる) = 밤송이가 터지다

□ くびをきる (首を切る) = 목을 베다

□ えんをきる(縁を切る) = 인연을 끊다

□ みずをきる(水を切る) = 물기를 없애다

□ のぞく(覗く) = 엿보다

□ まどからのぞく(窓から覗く) = 창문에서 엿보다

□ おとなのせかいをのぞく(大人の世界を覗く)
　= 어른들의 세계를 조금 알아보다

❻ 상대편을 공격하는 것을 'あおる'라고 합니다. 하지만 아무리 급해도 내가 급한 곳을 먼저 두텁게 해야 합니다. 세가 약하면 그곳이 나의 급소가 될 수 있기 때문입니다. '내가 급한 곳'은 'きゅうば', '두텁다'는 'あつい', '약하다'는 'うすい', 급소는 'きゅうしょ'라고 합니다.

▶ あおる(煽る) = 선동하다 ; 급히 몰다

▶ きゅうば(急場) = 절박한 경우

▶ あつい(厚い) = 두텁다

▶ うすい(薄い) = 얇다

▶ きゅうしょ(急所) = 급소

□ うまをあおる(馬を煽る) = 말을 급히 몰다

☐ けいきをあおる(景気を煽る) = 경기를 부추기다

☐ きゅうばのそち(急場の措置) = 응급 처치
☐ きゅうばをしのぐ(急場を凌ぐ) = 위기를 넘기다

☐ じょうがあつい(情が厚い) = 정이 두텁다
☐ あついくも(厚い雲) = 짙은 구름

☐ うすいふく(薄い服) = 얇은 옷
☐ うすいしおみず(薄い塩水) = 싱거운 소금물

☐ きゅうしょをねらう(急所を狙う) = 급소를 노리다
☐ きゅうしょをつかむ(急所を掴む) = 요점을 파악하다

❼ 바둑에는 묘수 즉 'うまいて'도 있고, 꼼수 즉 'はめて'도 있습니다. 흉내바둑 즉 'まねご'도 있습니다. 흉내바둑은 심리전을 포함한 전략이기도 합니다. 고수들의 바둑에서 결정적인 패착 즉 'はいちゃく'는 곧 패배를 의미합니다.

▶ うまいて(上手い手) = 묘수

▶ はめて(嵌め手) = 꼼수

▶ まねご(真似碁) = 흉내바둑

▶ はいちゃく(敗着) = 패착

□ じがうまい(字が上手い) = 글씨를 잘 쓰다

□ うまいかんがえがうかぶ(上手い考えが浮かぶ)
　= 좋은 생각이 떠오르다

□ うまいことをいう(上手い事を言う) = 겉치레로 말하다

□ はめる(嵌める) = 끼우다 ; 속여 넘기다

□ とをはめる(戸を嵌める) = 문을 끼우다

□ てじょうをはめる(手錠を嵌める) = 수갑을 채우다

□ てきをわなにはめる(敵を罠に嵌める) = 적을 함정에 빠뜨리다

□ まね(真似) = 흉내

□ ひとのまね(人の真似) = 남의 흉내

□ へんなまねをする(変な真似をする) = 이상한 짓을 하다

□ しんだまねをする(死んだ真似をする) = 죽은 시늉을 하다

□ そのてんがはいちゃくだった(その点が敗着だった)
　= 그 점이 패착이었다

□ はいちゃくのはんたいはしょうちゃく(敗着の反対は勝着)

= 패착의 반대는 승착

❽ 내가 상대편 돌을 잡는 것을 'ころす', 상대편이 내 돌을 잡는 것을 'しぬ'라고 합니다. 내가 굳이 상대편 돌을 잡으려 하지 않고, 상대편도 굳이 싸우려 하지 않고 자기 살 궁리를 하는 것을 'だきょう'라고 합니다. 기사가 바둑을 두는 중에 패배를 선언하는 것을 'とうりょう'라고 합니다. 우리들이 '돌을 던졌다'라고 하는 'とうりょう'는 대개 중반에 선언됩니다. 중반은 'ちゅうばん'이라고 합니다.

▶ ころす(殺す) = 죽이다
▶ しぬ(死ぬ) = 죽다
▶ だきょう(妥協) = 타협
▶ ちゅうばん(中盤) = 중반
▶ とうりょう(投了) = 던짐

☐ いきをころす(息を殺す) = 숨소리를 죽이다
☐ かんじょうをころす(感情を殺す) = 감정을 억누르다
☐ わらいをころす(笑いを殺す) = 웃음을 참다

☐ びょうきでしぬ(病気で死ぬ) = 병으로 죽다

□ かぜがしぬ(風が死ぬ) = 바람이 자다

□ だきょうをはかる(妥協を図る) = 타협을 꾀하다
□ だきょうてきなたいど(妥協的な態度) = 타협적인 태도

□ ちゅうばんせん(中盤戦) = 중반전
□ しあいがちゅうばんをむかえる(試合が中盤を迎える)
　= 시합이 중반을 맞이하다

□ ごごさんじにとうりょうした(午後三時に投了した)
　= 오후 3시에 (돌을) 던졌다
□ ひゃくさんじってめでとうりょうした(百三十手目で投了した)
　= 130번째 수에서 돌을 던졌다

❾ 'とうりょう'하면 불계패로 기록됩니다. 참고로 불계승은 'ちゅうおし', 무승부는 'じご'라 합니다. 바둑이 'とうりょう' 없이 끝까지 진행되면 공배를 메우고 계가를 하게 됩니다. '공배'는 'だめ', 계가는 'けいさん'이라고 합니다.

▶ ちゅうおし(中押し) = 불계승

13. 바둑 157

▶ じご(持碁) = 무승부

▶ だめ(駄目) = 공배

▶ けいさん(計算) = 계가

□ ちゅうおしでかつ(中押しで勝つ) = 불계로 이기다

□ おす(押す) = 밀다 ; 누르다

□ くるまをおす(車を押す) = 수레를 밀다

□ たいせいにおされる(大勢に押される) = 대세에 눌리다

□ しょうぶのないごをじごという(勝負のない碁を持碁という)

　 = 승부가 없는 바둑을 持碁라 한다

□ もつ(持つ) = 쥐다 ; 갖다

□ にをもつ(荷を持つ) = 짐을 들다

□ えいきょうりょくをもつ(影響力を持つ) = 영향력을 지니다

□ だめをおす(駄目を押す) = 공배를 메우다

□ だめづまりて(駄目詰り手) = 자충수

□ うごいてはだめだ(動いては駄目だ) = 움직여서는 안 된다

□ けいさんちがい(計算違い) = 계산 착오

□ でんしけいさんき(電子計算機) = 전자계산기

□ けいさんがへただ(計算が下手だ) = 계산이 서툴다

 **kotoba**

ちゅうげん(中原) = 중원
さんぶつ(産物) = 산물
ふせき(布石) = 포석
じょうせき(定石) = 정석
もよう(模様) = 모양
めいじん(名人) = 명인
たぐい(類) = 종류
しょうばい(商売) = 장사
せんて(先手) = 선수
ごて(後手) = 후수
ちゃくしゅ(着手) = 착수
こうげき(攻撃) = 공격
かいかく(改革) = 개혁
つた(蔦) = 담쟁이
にかわ(膠) = 아교
くりのいが(栗の毬) = 밤송이

せかい(世界) = 세계
きゅうば(急場) = 절박한 경우
きゅうしょ(急所) = 급소
けいき(景気) = 경기
そち(措置) = 처치
しおみず(塩水) = 소금물
うまいて(上手い手) = 묘수
はめて(嵌め手) = 꼼수
はいちゃく(敗着) = 패착
てじょう(手錠) = 수갑
わな(罠) = 함정
しょうちゃく(勝着) = 승착
だきょう(妥協) = 타협
とうりょう(投了) = 던짐
かんじょう(感情) = 감정
たいど(態度) = 태도

kotoba

ちゅうおし(中押し) = 불계승
じご(持碁) = 무승부
だめ(駄目) = 공배
けいさん(計算) = 계산

たいせい(大勢) = 대세
しょうぶ(勝負) = 승부
えいきょう(影響) = 영향
でんし(電子) = 전자

またたく(瞬く) = 깜빡이다
たりない(足りない) = 부족하다
うつ(打つ) = 치다
あやまる(誤る) = 잘못하다
かつ(勝つ) = 이기다

しのぐ(凌ぐ) = 견디다
ねらう(狙う) = 노리다
つかむ(掴む) = 붙잡다
うかぶ(浮かぶ) = 뜨다
はめる(嵌める) = 끼우다

まわる(回る) = 돌다
おくれる(遅れる) = 늦어지다
わたる(渡る) = 건너다
のぞく(覗く) = 엿보다
あおる(煽る) = 선동하다

はかる(図る) = 꾀하다
むかえる(迎える) = 맞이하다
おす(押す) = 밀다
うごく(動く) = 움직이다
ちがう(違う) = 다르다

14

당구 · 낚시

❶ 당구장에서는 당구공을 'たま', 당구대를 'たまだい'라고 합니다. 재미로 당구를 치는 사람이 대부분이지만, 돈을 걸고 내기 당구를 치는 사람도 있지요? 내기 당구를 'かけだま'라고 합니다. 프로 선수들이 청중들에게 묘기를 선보이는 당구를 'きょくだま'라고 합니다.

- ▶ たま(玉) = 옥 ; 구슬
- ▶ たまだい(玉台) = 당구대
- ▶ かけだま(賭け玉) = 내기 당구
- ▶ きょくだま(曲玉) = 묘기 당구

- □ かける(賭ける) = 걸다 ; 내기를 하다
- □ いのちをかける(命を賭ける) = 목숨을 걸다

- □ こくうんをかける(国運を賭ける) = 국운을 걸다
- □ とばくにかねをかける(賭博に金を賭ける) = 도박에 돈을 걸다

- □ きょくげい(曲芸) = 곡예
- □ きょくげいのぎじゅつ(曲芸の技術) = 곡예의 기술
- □ くうちゅうきょくげい(空中曲芸) = 공중 곡예

❷ 당구를 치는 기술은 다양하지만, 가장 기본적인 기술은 밀어치기, 끌어치기, 틀어치기 등입니다. 밀어치기는 'おし', 끌어치기는 'ひき', 틀어치기는 'ひねる'라고 합니다.

- ▶ おし(押し) = 밀기
- ▶ ひき(引き) = 끌기
- ▶ ひねる(捻る) = 비틀다

- □ おしくら(押し競) = 밀쳐내기
- □ おしぎみだ(押し気味だ) = 우세하다
- □ おしのいって(押しの一手) = 억지로 밀어붙이는 수

- □ ひきがつよい(引きが強い) = 당기는 힘이 세다

☐ ごわりびき(五割引き) = 50퍼센트 할인
☐ ひきがない(引きがない) = 뒤로 물러날 수가 없다

☐ あかごのてをひねる(赤子の手を捻る) = 어린애의 팔을 비틀다
☐ くびをひねる(首を捻る) = 고개를 갸웃하다
☐ あたまをひねる(頭を捻る) = 머리를 쥐어짜다

❸ 길게 치는 'おおまわし'와 뒤돌려 치는 'うらまわし' 기술은 초보자라도 습득해야 하는 기술입니다. 그러나 세 바퀴 돌려 치는 'さんじゅうまわし' 기술은 연습을 많이 해야 하겠지요. 당구에서도 힘을 조절하는 것이 중요합니다. 당구공이 살짝 스치고 지나게 치는 기술을 '핥다'는 뜻으로 'なめ'라고 합니다. 다른 공을 건드리는 것을 'さわり'라고 합니다. 이것은 파울로 1점이 감점됩니다.

▶ まわし(回し) = (당구) 돌려치기
▶ おおまわし(大回し) = (당구) 크게 돌려치기
▶ うらまわし(裏回し) = (당구) 뒤돌려 치기
▶ さんじゅうまわし(三重回し) = (당구) 세 바퀴 돌려치기
▶ なめ(嘗め) = (당구) 살짝 스침
▶ さわり(触り) = (당구) 다른 공을 건드림

- □ わまわし(輪回し) = 굴렁쇠 굴리기
- □ らいげつまわしにする(来月回しにする) = 다음 달로 미루다
- □ まわしをしめる(回しを締める) = 샅바를 졸라매다

- □ なめる(嘗める) = 핥다 ; 맛보다
- □ あめをなめる(飴を嘗める) = 엿을 핥다
- □ こきゃくをなめる(顧客を嘗める) = 고객을 깔보다
- □ くはいをなめる(苦杯を嘗める) = 고배를 마시다

- □ さわる(触る) = 닿다 ; 손을 대다
- □ これにさわるな(これに触るな) = 이것에 손대지 마라
- □ しんけいをさわる(神経を触る) = 신경을 건드리다

❹ 당구를 정확하고 멋있게 치면 '깨끗하다'는 뜻으로 'きれい'라고 하고, 그렇지 않을 때에는 'きたない'라고 합니다. 당구는 공의 배치가 아주 중요합니다. 그래서 내가 당구를 'おさまり'할 때는 상대방이 치기 어렵게 공을 흩어 놓는 것도 고난도의 기술입니다. 이것을 'けんせい'라고 합니다.

▶ きれい(綺麗) = 깨끗함

▶ きたない(汚い) = 더러움

▶ おさまり(納まり) = 끝남

▶ けんせい(牽制) = 견제

□ きれいなかお(綺麗な顔) = 예쁜 얼굴

□ きれいなみず(綺麗な水) = 깨끗한 물

□ きたないふく(汚い服) = 더러운 옷

□ きたないかんきょう(汚い環境) = 더러운 환경

□ おさまる(納まる) = 끝나다 ; 납입되다

□ ぜいきんがおさまる(税金が納まる) = 세금이 걷히다

□ けんかがおさまる(喧嘩が納まる) = 싸움이 끝나다

□ けんせいきゅう(牽制球) = 견제구

□ どくそうをけんせいする(独走を牽制する) = 독주를 견제하다

❺ 낚시 용어에도 일본어가 많이 남아있습니다. 낚시질은 'つり', 낚시 도구는 'つりぐ'라고 합니다. 가장 기본적인 낚시 도구는 낚싯대와 낚시 바늘이겠지요. 낚싯대는 'つりさお', 낚시 바늘은 'つりばり'라고

합니다.

▶ つり(釣り) = 낚시질
▶ つりぐ(釣り具) = 낚시 도구
▶ つりざお(釣り竿) = 낚싯대
▶ つりばり(釣り針) = 낚싯바늘

☐ つりて(釣り手) = 낚시꾼
☐ つりば(釣り場) = 낚시터
☐ つりぼり(釣り堀) = 유료 낚시터

☐ つる(釣る) = 낚다 ; 꾀다
☐ ふなをつる(鮒を釣る) = 붕어를 낚다
☐ かんげんでつる(甘言で釣る) = 감언으로 꾀다

☐ さお(竿) = (대나무) 장대
☐ はたざお(旗竿) = 깃대
☐ ものほしざお(物干し竿) = 빨래 장대

☐ つりばりにえをつける(釣り針に餌を付ける)
　= 낚시바늘에 미끼를 꿰다
☐ うおがつりばりにかかる(魚が釣り針に掛る)

= 물고기가 낚싯바늘에 걸리다

❻ 낚싯줄 중간에 낚시찌가 달려 있습니다. 낚싯줄은 'つりばり', 낚시찌는 'うき'라고 합니다. 고기를 잡으면 넣는 바구니도 꼭 필요한 용구입니다. 낚시를 제대로 즐기려면 친구와 함께 가는 것도 좋지요. 낚시 친구는 'つりとも'라고 합니다.

▶ つりいと(釣り糸) = 낚싯줄
▶ うき(浮き) = 낚시찌
▶ つりとも(釣り友) = 낚시 친구

☐ つりいとをたれる(釣り糸を垂れる) = 낚싯줄을 드리우다
☐ つりいとをたぐる(釣り糸を手繰る) = 낚싯줄을 끌어당기다
☐ つりいとがもつれる(釣り糸が縺れる) = 낚싯줄이 얽히다

☐ うきがうごく(浮きが動く) = 낚시찌가 움직이다
☐ うきがしずむ(浮きが沈む) = 낚시찌가 가라앉다
☐ うく(浮く) = 뜨다 ; 들뜨다
☐ うみにふねがうく(海に船が浮く) = 바다에 배가 뜨다
☐ はがうく(歯が浮く) = 이가 흔들리다

14. 당구·낚시

☐ こころのとも(心の友) = 마음의 벗

☐ しゅふのとも(主婦の友) = 주부의 벗

☐ ともをえる(友を得る) = 친구를 얻다

❼ 낚시질하면 떠오르는 것이 밑밥이지요? 밑밥은 'こませ'라고 합니다. 밑밥을 뿌려서 고기가 모여들면 낚시에 미끼를 매달아 낚싯줄을 드리웁니다. 하지만 낚시에 모두 미끼를 쓰는 것은 아닙니다. 'あゆ'나 'おいかわ'와 같은 'こもの'를 낚을 때는 'けばり'라는 털이 달린 낚시를 사용합니다.

▶ こませ = 밑밥

▶ あゆ(鮎) = 은어

▶ おいかわ(追川) = 피라미

▶ こもの(小物) = 잔챙이

☐ のぼりあゆ(上り鮎) = 봄에 상류로 올라오는 새끼 은어

☐ さびあゆ(錆鮎) = 성숙해서 강을 내려오는 가을철 은어

☐ あゆのしおやき(鮎の塩焼) = 은어의 소금구이

☐ こものばかりつれる(小物ばかり釣れる) = 잔챙이만 낚이다

☐ かれはこものにすぎない(彼は小物に過ぎない)

= 그는 조무래기에 불과하다
  □ いろんなこものをつくる(いろんな小物を作る)
   = 여러 가지 소품을 만들다

❽ 여러 가지 낚시 방법이 있습니다. 밤낚시를 'よづり', 갯바위 낚시를 'いそづり', 배를 타고 낚시질하는 것을 'ふなづり', 낚싯줄을 길게 드리우는 바닥 낚시를 'そこづり'라고 합니다. 'いそづり'에서도 'たい'와 같은 'おおもの'를 잡을 수 있습니다.

▶ よづり(夜釣り) = 밤낚시
▶ いそづり(磯釣り) = 갯바위 낚시
▶ ふなづり(船釣り) = 배낚시
▶ そこづり(底釣り) = 바닥 낚시
▶ たい(鯛) = 도미
▶ おおもの(大物) = 대물 ; 거물

  □ よづりにいく(夜釣りに行く) = 밤낚시를 가다
  □ いそ(磯) = 둔치 ; 해변
  □ いそくさいはまべ(磯臭い浜辺) = 비린내가 풍기는 바닷가

- □ そこ(底) = 바닥
- □ かわのそこ(川の底) = 강바닥
- □ こころのそこ(心の底) = 마음속
- □ くつのそこ(靴の底) = 신발 밑바닥

- □ めだい(眼鯛) = 돗돔
- □ まことたい(真鯛) = 참돔
- □ あこうだい(赤魚鯛) = 붉돔
- □ くさってもたい(腐っても鯛) = 썩어도 준치

- □ せいかいのおおもの(政界の大物) = 정계의 거물
- □ おおものがかかる(大物が掛る) = 큰 것이 걸리다
- □ おおものをくう(大物を食う) = 거물을 해치우다

 **kotoba**

たまだい(玉台) = 당구대
かけだま(賭け玉) = 내기 당구
いのち(命) = 목숨
こくうん(国運) = 국운
とばく(賭博) = 도박
きょくげい(曲芸) = 곡예
ぎじゅつ(技術) = 기술
くうちゅう(空中) = 공중
ぎみ(気味) = 기색
あかご(赤子) = 어린애
あめ(飴) = 엿
こきゃく(顧客) = 고객
くはい(苦杯) = 고배
しんけい(神経) = 신경
おさまり(納まり) = 끝남
けんせい(牽制) = 견제

かんきょう(環境) = 환경
ぜいきん(税金) = 세금
けんか(喧嘩) = 싸움
どくそう(独走) = 독주
つり(釣り) = 낚시질
つりぐ(釣り具) = 낚시 도구
つりば(釣り場) = 낚시터
つりて(釣り手) = 낚시꾼
ふな(鮒) = 붕어
かんげん(甘言) = 감언
はたざお(旗竿) = 깃대
え(餌) = 미끼
ものほしざお(物干し竿)
= 빨래 장대
うお(魚) = 물고기
うき(浮き) = 낚시찌

kotoba

こませ = 밑밥
あゆ(鮎) = 은어
おいかわ(追川) = 피라미
こもの(小物) = 잔챙이
しおやき(塩焼) = 소금구이
よづり(夜釣り) = 밤낚시
ふなづり(船釣り) = 배낚시

おおもの(大物) = 대물
たい(鯛) = 도미
いそ(磯) = 둔치 ; 해변
はまべ(浜辺) = 바닷가
そこ(底) = 바닥
めだい(眼鯛) = 돗돔
まことたい(真鯛) = 참돔

かける(賭ける) = 내기를 하다
ひねる(捻る) = 비틀다
つよい(強い) = 강하다
しめる(締める) = 졸라매다
なめる(嘗める) = 핥다
さわる(触る) = 닿다
きたない(汚い) = 더럽다
つる(釣る) = 낚다 ; 꾀다

たれる(垂れる) = 드리우다
たぐる(手繰る) = 끌어당기다
もつれる(縺れる) = 얽히다
うく(浮く) = 뜨다
うごく(動く) = 움직이다
しずむ(沈む) = 가라앉다
える(得る) = 얻다
つくる(作る) = 만들다

15

무심코 쓰는 일본식 한자어

❶ 흥분한 아나운서가 말을 이었습니다. "<u>금회</u>의 2000미터 <u>계주</u>에 처음 출전한 어린 선수가 주목을 받고 있습니다. 팀의 마지막 주자였던 그는 수십 미터나 앞서 달리던 선두 주자를 <u>초월</u>해 우승했습니다. 그의 <u>신승</u>은 그야말로 <u>진검승부</u>의 결정판이라고 할 수 있을 것입니다."

- ▶ こんかい(今回) = 이번
- ▶ けいそう(継走) = 이어달리기
- ▶ おいこし(追越し) = 앞지르기
- ▶ しんしょう(辛勝) = 어렵게 이김
- ▶ しんけんしょうぶ(真剣勝負) = 진지한 승부

☐ こんかいにかぎり(今回に限り) = 이번에 한해서

☐ こんかいだけは(今回だけは) = 이번만큼은

☐ けいそうしゃ(継走者) = 릴레이 선수
☐ けいそうきょうぎ(継走競技) = 릴레이 경기

☐ おいこす(追越す) = 앞지르다
☐ おいこししゃせん(追越し車線) = 앞지르기 찻길

☐ いってんさでしんしょうする(一点差で辛勝する)
  = 1점 차로 어렵게 이기다
☐ ごたいよんでしんしょうする(五対四で辛勝する)
  = 5대 4로 어렵게 이기다

☐ しんけんなたいど(真剣な態度) = 진지한 태도
☐ いっぽんしょうぶ(一本勝負) = 단판 승부

❷ '우리 생애 최고의 순간', '낭만 시대', '혹성 탈출', '기라성 같은 인물들' '오지 탐험' 영화나 TV 프로그램 제목입니다. 너무나 익숙한 말이지만 전부 버려야 합니다. 일본식 한자어를 그대로 우리말로 발음하다보니 어색하고, 또 더 좋고 아름다운 말이 있기 때문입니다.

- ▶ しょうがい(生涯) = 일생 ; 평생
- ▶ ろうまん(浪漫) = 로망
- ▶ わくせい(惑星) = 행성 ; 유성
- ▶ きらぼし(綺羅星) = 빛나는 별
- ▶ おくち(奥地) = 두메 ; 산골

- □ しょうがいがくしゅう(生涯学習) = 평생학습
- □ げきてきなしょうがい(劇的な生涯) = 파란 많은 일생

- □ ろうまんしゅぎ(浪漫主義) = 로망주의 ; romanticism
- □ わかもののゆめとろまん(若者の夢と浪漫) = 젊은이의 꿈과 로망

- □ しょうわくせい(小惑星) = 소행성
- □ せいかいのわくせい(政界の惑星) = 정계의 다크호스

- □ きらぼしのごとくならぶ(綺羅星のごとく並ぶ)
    = 빛나는 별처럼 늘어서다
- □ きらぼしのごとくあつまる(綺羅星のごとく集まる)
    = 빛나는 별처럼 모이다

- □ おくちのむら(奥地の村) = 산골 마을
- □ おくちをりょこうする(奥地を旅行する) = 산골을 여행하다

❸ S 그룹의 사장이 상무에게 말했습니다. "지난 번 그대가 <u>상신</u>한 <u>중차대</u>한 일이 성공하지 못했습니다. 회장님께서 <u>명일</u>까지 그대에게 <u>시말서</u>와 <u>각서</u>를 쓰게 하라고 <u>하명</u>하셨습니다." 모두가 일본어를 우리식 한자어로 바꾼 것입니다. 특히 '중차대' 는 'じゅうかつだい(重且つ大)'는 '무겁다(重)'와 '크다(大)'는 말을 '또'라는 뜻의 접속사 かつ(且つ)로 연결한 것입니다. 우리식 한자로 바꾸면서 일본인의 감각과 동떨어진 말이 되어버렸습니다.

▶ もうしあげ(申上げ) = 말씀드림
▶ じゅうかつだい(重且大) = 막중 ; 중대
▶ あした ; あす(明日) = 내일 ; 다음 날
▶ しまつしょ(始末書) = 경위서
▶ おぼえがき(覚書) = 약정서
▶ かめい(下命) = 지시

□ もうしあげる(申上げる) = 말씀드리다
□ ごあんないもうしあげる(御案内申上げる) = 안내해 드리다

□ にんむがじゅうかつだいだ(任務が重且大だ) = 임무가 막중하다
□ せきにんはじゅうかつだいだ(責任は重且大だ) = 책임이 막중하다

□ あしたのあさ(明日の朝) = 내일 아침

□ あすはやすみだ(明日は休みだ) = 내일은 휴일이다

□ しまつしょをかく(始末書を書く) = 경위서를 쓰다
□ おぼえがきをしゅこうする(覚書を手交する)
　= 약정서를 직접 전하다
□ ごかめいをうける(御下命を受ける) = 지시를 받다

❹ 부동산회사에서 다음과 같은 서신이 왔습니다. "위치가 좋은 보<u>지</u>가 매물로 나왔습니다. <u>견적</u> <u>내역</u>을 보내드립니다. 보내드린 <u>사양서</u>를 참조하시고, 매입을 희망하시는 분은 계약서에 <u>실인</u>을 찍어 아래 주소로 보내주시기 바랍니다."

▶ しきち(敷地) = 터 ; 대지
▶ みつもり(見積) = 어림셈 ; 추산
▶ うちわけ(内訳) = 명세
▶ しようしょ(仕様書) = 설명서 ; 방법서
▶ じついん(実印) = 인감도장

□ しきちめんせき(敷地面積) = 대지면적
□ しきちいっぴつ(敷地一筆) = 대지 한 필지

15. 무심코 쓰는 일본식 한자어

□ よさんみつもり(予算見積) = 예산액
□ こうじみつもり(工事見積) = 공사비 추산

□ ししゅつのうちわけ(支出の内訳) = 지출 명세
□ とりひきうちわけ(取引内訳) = 거래 명세

□ しようがない(仕様がない) = 방법이 없다
□ しようをさだめる(仕様を定める) = 규정을 정하다
□ しようしょをけんとうする(仕様書を検討する)
　　= 방법서를 검토하다

□ じついんをおす(実印を押す) = 인감도장을 찍다
□ じついんがいる(実印が要る) = 인감도장이 필요하다

❺ 시청에서 공문이 왔습니다. "<u>유휴지</u> <u>불하</u> <u>대금</u>이 <u>도합</u> 5천만 원입니다. 정해진 기한 내에 아래 <u>구좌</u>로 납부해 주시기 바랍니다."

▶ ゆうきゅうち(遊休地) = 노는 땅
▶ はらいさげ(払下げ) = (불필요한 것을) 팔아치움
▶ だいきん(代金) = 값 ; 돈

178 리사이클링으로 잡는 일본어

▶ つごう(都合) = 합계 ; 모두
▶ こうざ(口座) = 계좌

□ ゆうきゅうしせつ(遊休施設) = 노는 시설
□ ゆうきゅうちをりようする(遊休地を利用する)
　= 노는 땅을 이용하다

□ はらいさげる(払下げる) = (불필요한 것을) 팔아치우다
□ こくゆうりんをはらいさげる(国有林を払下げる)
　= 국유림을 매각하다

□ だいきんをはらう(代金を払う) = 값을 치르다
□ だいきんをうけとる(代金を受取る) = 돈을 받다

□ つごうごせんえん(都合五千円) = 모두 5천 엔
□ つごうがわるい(都合が悪い) = 형편이 좋지 않다

□ しゃくめいこうざ(借名口座) = 차명계좌
□ こうざをもうける(口座を設ける) = 계좌를 개설하다

❻ 구청에서 공문이 왔습니다. "이번 신도시가 건설되는 지역에 주택 지분권을 보유한 세대를 위해 열람 자료를 마련했습니다. 조견표를 참조하시어 회람하시기 바랍니다. 이의가 없으시면 건물을 멸실 처리한 후 매립 공사를 하겠습니다."

▶ もちぶん(持分) = 몫
▶ せたい(世帯) = 집 ; 가구
▶ はやみひょう(早見表) = 환산표
▶ かいらん(回覧) = 돌려보기
▶ めっしつ(滅失) = 사라짐
▶ うめたて(埋立) = 메움

□ もちぶんけん(持分權) = (재산의) 몫
□ じぶんのもちぶん(自分の持分) = 자기 몫

□ せたいぬし(世帶主) = 집주인
□ たんしんせたいのわりあい(単身世帶の割合) = 1인 가구 비율

□ りそくけいさんはやみひょう(利息計算早見表) = 이자계산환산표
□ ゆうびんりょうきんのはやみひょう(郵便料金の早見表)
   = 우편요금환산표

□ かいらんばん(回覧板) = 돌림판

□ こうぶんをかいらんする(公文を回覧する) = 공문을 돌려보다

□ かさいによりめっしつする(火災により滅失する)
　= 화재로 사라지다

□ うめたてち(埋立地) = 매립지

❼ 알림장이 붙었습니다. "매점의 매상고가 줄었습니다. 하지만 여러분의 수당은 그대로 지급할 것입니다. 수취인은 수순대로 받아가기 바랍니다."

▶ ばいてん(売店) = 가게

▶ うりあげだか(売上高) = 판매액

▶ てあて(手当) = 덤삯 ; 별급

▶ うけとりにん(受取人) = 받는 이

▶ てじゅん(手順) = 차례 ; 순서

□ ばいてんでかう(売店で買う) = 가게에서 사다

□ ちかいのばいてん(地階の売店) = 지하층의 가게

- □ うりあげだかがさがる(売上高が下る) = 판매액이 떨어지다
- □ うりあげだかをしめる(売上高を締める) = 판매액을 결산하다

- □ じどうてあて(児童手当) = 아동 덤삯
- □ かきんてあて(過勤手当) = 초과 근무 덤삯

- □ てがたうけとりにん(手形受取人) = 어음 받는 이
- □ てがみうけとりにん(手紙受取人) = 편지 받는 이

- □ てじゅんをふむ(手順を踏む) = 절차를 밟다
- □ てじゅんにしたがってすすむ(手順に従って進む)
  = 순서에 따라 진행하다

❽ 노동부가 고지했습니다. "공임은 출산 휴가 중이거나 견습 중인 사람도 차질 없이 지급해야 합니다. 받는 이는 견양을 참조해서 서류를 제출하기 바랍니다."

- ▶ こくち(告知) = 알림 ; 통지
- ▶ こうちん(工賃) = 품삯
- ▶ しゅっさん(出産) = 해산

▶ みならい(見習) = 수습
▶ みよう(見様) = 보기

□ そしょうこくち(訴訟告知) = 소송 알림
□ じゅたいこくち(受胎告知) = (천주교) 수태 알림

□ こうちんがやすい(工賃が安い) = 품삯이 싸다
□ こうちんをしはらう(工賃を支払う) = 품삯을 주다

□ いじょうしゅっさん(異常出産) = 이상 분만
□ しゅっさんきゅうかをとる(出産休暇を取る)
  = 해산 휴가를 얻다

□ みならいこう(見習工) = 수습공
□ みならいしゃいん(見習社員) = 수습사원

□ みようによっては(見様によっては) = 보기에 따라서는
□ みようみまねでおぼえる(見様見真似で覚える) = 흉내 내서 익히다

❾ 마을 이장이 방송했습니다. "<u>대하</u>를 잡으러 갈 분들은 주민회관 앞 <u>천정</u>이 있는 <u>승강장</u>으로 모이기 바랍니다. <u>대절</u> 버스를 타고 갈 예정입니다."

- ▶ おおえび(大蝦) = 왕새우
- ▶ てんじょう(天井) = 천장
- ▶ のりおりば(乗降場) = 타는 곳
- ▶ かしきり(貸切り) = 전세

□ てんじょうがたかい(天井が高い) = 천장이 높다
□ てんじょうをうつ(天井を打つ) = 최고 시세에 달하다

□ のりおり(乗り降り) = 타고 내림
□ たくさんのひとがのりおりする(沢山の人が乗り降りする)
  = 많은 사람이 타고내리다

□ バスをかしきる(バスを貸切る) = 버스를 전세 내다
□ しょくどうをかしきる(食堂を貸切る) = 식당을 전세 주다

❿ 남자들은 만나면 군대 이야기를 합니다. " 우리 졸병 때 총기 <u>수입</u>

안했다고 고참에게 많이 당했어. 무대포로 차출당해서 공사장으로 끌려간 것은 말할 것도 없고…"

- ▶ ていれ(手入) = 손질
- ▶ こさん(古参) = 선임
- ▶ むてっぽう(無鉄砲) = 무모한
- ▶ さしだし(差出し) = 뽑아냄

- □ ぶんしょうのていれ(文章の手入) = 문장의 손질
- □ かみのていれをする(髪の手入をする) = 머리를 손질하다

- □ こさんへい(古参兵) = 선임병
- □ さいこさん(最古参) = 최선임

- □ むてっぽうなおとこ(無鉄砲な男) = 무모한 남자
- □ むてっぽうなことをする(無鉄砲なことをする) = 무모한 짓을 하다

- □ てをさしだした(手を差出した) = 손을 내밀었다
- □ がんしょをさしだす(願書を差出す) = 원서를 제출하다

kotoba

こんかい(今回) = 이번
けいそう(継走) = 이어달리기
しゃせん(車線) = 찻길
いっぽんしょうぶ(一本勝負) = 단판 승부
しょうがい(生涯) = 일생
わくせい(惑星) = 행성
おくち(奥地) = 두메
きらぼし(綺羅星) = 빛나는 별
がくしゅう(学習) = 학습

わくせい(惑星) = 행성
わかもの(若者) = 젊은이
もうしあげ(申上げ) = 말씀드림
しまつしょ(始末書) = 경위서
おぼえがき(覚書) = 약정서
あんない(案内) = 안내

にんむ(任務) = 임무
せきにん(責任) = 책임
やすみ(休み) = 휴일
しきち(敷地) = 터 ; 대지
みつもり(見積) = 추산
うちわけ(内訳) = 명세
しようしょ(仕様書) = 방법서
じついん(実印) = 인감도장
めんせき(面積) = 면적
いっぴつ(一筆) = 한 필지

ししゅつ(支出) = 지출
とりひき(取引) = 거래
けんとう(検討) = 검토
ゆうきゅうち(遊休地) = 노는 땅
つごう(都合) = 합계 ; 모두
こうざ(口座) = 계좌

 **kotoba**

しせつ(施設) = 시설

しゃくめい(借名) = 차명

もちぶん(持分) = 몫

せたい(世帯) = 집 ; 가구

はやみひょう(早見表) = 환산표

かいらん(回覧) = 돌려보기

めっしつ(滅失) = 사라짐

うめたて(埋立) = 메움

もちぶんけん(持分権) = 몫

わりあい(割合) = 비율

こうぶん(公文) = 공문

かさい(火災) = 화재

ばいてん(売店) = 가게

うりあげだか(売上高) = 판매액

てあて(手当) = 덤삯 ; 별급

うけとりにん(受取人) = 받는 이

てじゅん(手順) = 차례 ; 순서

ちかい(地階) = 지하층

じどう(児童) = 아동

かきん(過勤) = 초과 근무

てがた(手形) = 어음

こくち(告知) = 알림 ; 통지

こうちん(工賃) = 품삯

しゅっさん(出産) = 해산

みならい(見習) = 수습

みよう(見様) = 보기

そしょう(訴訟) = 소송

じゅたい(受胎) = 수태

いじょう(異常) = 이상

きゅうか(休暇) = 휴가

みならいこう(見習工) = 수습공

おおえび(大蝦) = 왕새우

 **kotoba**

のりおり(乗り降り) = 타고 내림
しょくどう(食堂) = 식당
ていれ(手入) = 손질
こさん(古参) = 선임
むてっぽう(無鉄砲) = 무모한

さしだし(差出し) = 뽑아냄
ぶんしょう(文章) = 문장
かみ(髪) = 머리카락
こさんへい(古参兵) = 선임병
さいこさん(最古参) = 최선임

かぎる(限る) = 한하다
しゅこうする(手交する) = 직접 전하다
しようがない(仕様がない) = 방법이 없다
さだめる(定める) = 정하다
はらう(払う) = 지불하다
うけとる(受取る) = 받다
もうける(設ける) = 개설하다
さがる(下る) = 떨어지다

しめる(締める) = 죄다
ふむ(踏む) = 밟다
したがう(従う) = 따르다
すすむ(進む) = 진행하다
やすい(安い) = 싸다
しはらう(支払う) = 주다
おぼえる(覚える) = 기억하다
たかい(高い) = 높다
うつ(打つ) = 치다
かしきる(貸切る) = 전세 내다

제2부

우리말이 된 일본어 다시 보기

프롤로그

　일본은 동아시아에서 서양 학문을 처음으로 받아들인 나라였습니다. 그들이 영어를 비롯한 서양의 언어로 된 학문 용어를 일본어로 번역해서 사용하기 시작했습니다. 필자가 할 수 없이 번역이라는 말을 썼지만, 오늘 날과 같은 방식의 번역이 아니었습니다. 일본어에는 없던 개념을 어휘로 만들어가는 창조 과정이었다고 해야 할 것입니다. 이렇게 '창조'된 학문 용어는 자연스럽게 한자를 사용하는 나라에서도 사용하게 되었습니다. 가장 영향을 많이 받은 나라는 우리나라였습니다. 이렇게 '수입'된 일본어는 이제 우리말이 되었습니다.

　학문, 교육, 문화, 법률, 경제, 공업, 기술, 의학, 정치, 행정, 군사 등 거의 모든 분야에서 일상적으로 사용하는 용어 중에는 일본어 어휘가 상당히 많이 남아 있습니다. 이미 일본어가 우리말로 자리를 잡아서 앞으로도 계속 사용할 수밖에 없는 말이 대부분입니다. 특히 학문, 정치, 법률, 공업 등의 분야 어휘는 '일본에서 온 우리말'이 없으면 체계가 붕괴될 수밖에 없는 지경입니다. 그 말을 대신할 수 있는 우리말 자체가 없기 때문일 것입니다.

우리가 매일 쓰고 있는 '철학' '문화' '문학' '미술' '가치' '논리' '국가' '권력' '권위' '민주주의' '민족주의' '대통령' '판사' '검사' '검찰' '압수' '즉결' '구치소' '구형' '부동산' '등기' '공탁' '소유권' '공급' '자본' '긴축' '교환' '독점' '보험' '노동자' '살균' '면역' '단백질' '폐결핵' '갑상선' '수술' 등 이루 다 헤일 수 없는 어휘가 다 일본어를 한국식 발음으로 읽는 것들입니다. 우리들이 일본어가 배우기 쉽게 느껴지는 것은 바로 우리들이 생활 속에서 쓰던 말을 일본식 발음으로 읽기만 하면 되는 어휘가 많기 때문일 것입니다.

고려대학교 일어일문학과 이한섭 교수께서 『일본에서 온 우리말 사전』(고려대학교출판부, 2014. 10)을 출간했습니다. 이 책은 개화기 이후 일본어에서 우리말로 들어온 어휘 3,634단어를 조사 연구하여 수록한 역작입니다. 그런데 이한섭 교수께서는 다음과 같이 말합니다. 이 책에 "일본어에서 들어온 어휘 모두를 담았다고 볼 수 없습니다. 앞으로 연구가 더 진행되면 그 수는 상당 수 늘어날 것으로 예상됩니다."

필자는 '일본어에서 온 우리말'을 버릴 수 없다면, 우리는 그것을 일본어 학습에 이용하는 것도 매우 실용적인 방법이라고 생각하고 있습니다. 독자 여러분께서 필자의 말에 동의하신다면, 그냥 읽는 것만으로도 일본어가 자연스럽게 기억될 수 있는 길을 발견할 수 있을 것입니다.

외국어를 배울 때 가장 큰 난관은 어휘의 뜻을 기억하는 일이라고 할 수 있는데, '일본어에서 온 우리말'의 뜻은 우리들이 이미 소상하게 알고 있습니다. 학습자에게 남겨진 일은 발음을 익히는 일뿐입니다. 일본어 학습자라면 이런 실용적인 방법을 최대한 살리는 일이 중요할 것입니다.

1

학문

❶ 학문에서 가장 기본이 되는 가치, 관념, 기조, 기초, 본능, 심리 등과 같은 개념

▶ かち(価値) = 가치
▶ かんねん(観念) = 관념
▶ きちょう(基調) = 기조
▶ きそ(基礎) = 기초
▶ ほんのう(本能) = 본능

☐ こうかんかち(交換価値) = 교환 가치
☐ かへいかち(貨幣価値) = 화폐 가치

□ こていかんねん(固定観念) = 고정 관념

□ せんにゅうかんねん(先入観念) = 선입 관념

□ きちょうえんぜつ(基調演説) = 기조 연설

□ きちょうこうえん(基調講演) = 기조 강연

□ きそちしき(基礎知識) = 기초 지식

□ きそこうじょ(基礎控除) = 기초 공제

□ せいしょくほんのう(生殖本能) = 생식 본능

□ きそうほんのう(帰巣本能) = 귀소 본능

❷ 문학, 어학, 고전, 시가, 품사, 모음, 자음 등 문학과 어학에 관련된 어휘

▶ ぶんがく(文学) = 문학

▶ ごがく(語学) = 어학

▶ こてん(古典) = 고전

▶ しか(詩歌) = 시가

▶ ひんし(品詞) = 품사

▶ ぼいん(母音) = 모음

□ ぶんがくりろん(文学理論) = 문학 이론
□ せんそうぶんがく(戦争文学) = 전쟁 문학

□ ごがくのけんしゅう(語学の研修) = 어학 연수
□ ごがくのてんさい(語学の天才) = 어학의 천재

□ こてんがくは(古典学派) = 고전학파
□ こてんおんがく(古典音楽) = 고전 음악

□ しかをあいこうする(詩歌を愛好する) = 시가를 애호하다
□ しかをひょうしゃくする(詩歌を評釈する) = 시가를 평석하다

□ ひんしのぶんるい(品詞の分類) = 품사의 분류
□ ひんしのかつよう(品詞の活用) = 품사의 활용

□ ぼいんとしいん(母音と子音) = 모음과 자음
□ きほんぼいん(基本母音) = 기본모음

❸ 가정, 논리, 명제, 반증, 변별, 추리 등 논리학 개념 및 용어

▶ かてい(仮定) = 가정
▶ ろんり(論理) = 논리
▶ めいだい(命題) = 명제
▶ はんしょう(反証) = 반증
▶ すいり(推理) = 추리
▶ すいろん(推論) = 추론

☐ ろんりせいぜん(論理整然) = 논리 정연
☐ ろんりのひやく(論理の飛躍) = 논리의 비약

☐ こうていめいだい(肯定命題) = 긍정 명제
☐ ひていめいだい(否定命題) = 부정 명제

☐ はんしょうをあげる(反証を挙げる) = 반증을 들다
☐ はんしょうとろんばく(反証と論駁) = 반증과 논박

☐ さんだんすいりほう(三段推理法) = 삼단 추리법 ; 삼단 논법
☐ すいりをはたらかせる(推理を働かせる) = 추리를 해보다

☐ すいろんをくだす(推論を下す) = 추론을 내리다

□ すいろんにすぎない(推論に過ぎない) = 추론에 불과하다

❹ 민주주의, 공화국, 권력, 독립, 국가, 정부 등 대한민국을 설명할 때 필요한 개념 및 용어

▶ みんしゅしゅぎ(民主主義) = 민주주의
▶ きょうわこく(共和国) = 공화국
▶ けんりょく(権力) = 권력
▶ どくりつ(独立) = 독립
▶ こっか(国家) = 국가
▶ せいふ(政府) = 정부

□ しんせいなみんしゅしゅぎ(真正な民主主義) = 진정한 민주주의
□ あやまれるみんしゅしゅぎ(誤れる民主主義) = 그릇된 민주주의
□ やすでのみんしゅしゅぎ(安手の民主主義) = 사이비 민주주의

□ みんしゅきょうわこく(民主共和国) = 민주 공화국
□ じんみんきょうわこく(人民共和国) = 인민 공화국
□ れんぽうきょうわこく(連邦共和国) = 연방 공화국

☐ けんりょくはこくみんからでる(権力は国民から出る)
  = 권력은 국민으로부터 나온다
☐ けんりょくぶんりつ(権力分立) = 권력 분립
☐ けんりょくこうし(権力行使) = 권력 행사

☐ じしゅどくりつ(自主独立) = 자주 독립
☐ どくりつせんげん(独立宣言) = 독립 선언

☐ こっかげんしゅ(国家元首) = 국가 원수
☐ こっかきこう(国家機構) = 국가 기구
☐ こっかれんごう(国家連合) = 국가 연합

☐ ぼうめいせいふ(亡命政府) = 망명 정부
☐ りんじせいふ(臨時政府) = 임시 정부
☐ かとせいふ(過渡政府) = 과도 정부

❺ 사대주의, 국수주의, 군국주의, 민족주의, 사회주의, 공산주의 등과 같은 이론이나 개념. 참고로 ① 사대주의는 사대 사상에 따라 자신의 존립만을 유지하려는 주의, ② 국수주의는 자기 나라의 전통적 특수성만을 우수한 것으로 믿는 배타적인 주의, ③ 군국주의는 정치, 경

제, 교육 등 모든 조직을 전쟁을 위해 활용하며 군사력에 의해 국가의 발전을 이루려는 주의, ④ 민족주의는 다른 민족의 지배를 벗어나 같은 민족으로써 나라를 이루려는 주의, ⑤ 사회주의는 생산수단의 공유를 기본으로 하는 사회제도 또는 그러한 사회를 실현하려는 사상 ⑥ 공산주의는 자본주의의 붕괴와 계급투쟁에 의한 프롤레타리아 혁명을 주장하는 주의

- ▶ じだいしゅぎ(事大主義) = 사대주의
- ▶ こくすいしゅぎ(国粋主義) = 국수주의
- ▶ ぐんこくしゅぎ(軍国主義) = 군국주의
- ▶ みんぞくしゅぎ(民族主義) = 민족주의
- ▶ しゃかいしゅぎ(社会主義) = 사회주의
- ▶ きょうさんしゅぎ(共産主義) = 공산주의

- □ じだいしそう(事大思想) = 사대사상
- □ じだいこんじょう(事大根性) = 사대근성

- □ こくすいてきなしそう(国粋的な思想) = 국수적인 사상
- □ こくすいしゅぎとにほんしゅぎ(国粋主義と日本主義)
  = 국수주의와 일본주의

- □ ぐんこくしゅぎのぼうれい(軍国主義の亡霊) = 군국주의의 망령

- □ ぐんこくしゅぎのふっかつ(軍国主義の復活) = 군국주의의 부활
- □ きばみんぞく(騎馬民族) = 기마 민족
- □ たんいつみんぞく(単一民族) = 단일 민족
- □ しょうすうみんぞく(少数民族) = 소수 민족

- □ しゃかいかいきゅう(社会階級) = 사회 계급
- □ しゃかいかいそう(社会階層) = 사회 계층
- □ しゃかいせいぎ(社会正義) = 사회 정의

- □ げんしきょうさんせい(原始共産制) = 원시 공산제
- □ ちゅうごくきょうさんとう(中国共産党) = 중국 공산당
- □ こくさいきょうさんしゅぎ(国際共産主義)
   = 국제 공산주의 ; 코민테른

❻ 이론, 법칙, 인식, 분석, 방법, 논증 등과 같은 과학에 관련된 개념 및 용어

- ▶ りろん(理論) = 이론
- ▶ ほうそく(法則) = 법칙
- ▶ にんしき(認識) = 인식

▶ ぶんせき(分析) = 분석
▶ ほうほう(方法) = 방법
▶ ろんしょう(論証) = 논증

☐ りろんぶそう(理論武装) = 이론 무장
☐ りろんだおれ(理論倒れ) = 말만 앞세우고 실행하지 않음

☐ じゅうりょくのほうそく(重力の法則) = 중력의 법칙
☐ ふへんのほうそく(不変の法則) = 불변의 법칙

☐ にんしきぶそく(認識不足) = 인식 부족
☐ ただしくにんしきする(正しく認識する) = 올바르게 인식하다

☐ じょうせいぶんせき(情勢分析) = 정세 분석
☐ てっていてきにぶんせきする(徹底的に分析する)
  = 철저하게 분석하다

☐ しようほうほう(使用方法) = 사용 방법
☐ かんべんなほうほう(簡便な方法) = 간편한 방법

☐ ろんしょうのかてい(論証の過程) = 논증의 과정
☐ ろんしょうしえる(論証し得る) = 논증할 수 있다

❼ 강의, 교수, 강사, 개론, 논문, 서론, 본론 등과 같은 대학 및 학문 관련 용어

▶ こうぎ(講義) = 강의
▶ きょうじゅ(教授) = 교수
▶ こうし(講師) = 강사
▶ がいろん(概論) = 개론
▶ ろんぶん(論文) = 논문
▶ ほんろん(本論) = 본론

□ れきしのこうぎ(歴史の講義) = 역사 강의
□ こうぎをきく(講義を聞く) = 강의를 듣다

□ きょうじゅとじゅんきょうじゅ(教授と准教授) = 교수와 준교수
□ かくいんきょうじゅ(各員教授) = 객원 교수

□ じかんこうし(時間講師) = 시간 강사
□ せんにんこうし(専任講師) = 전임 강사

□ ほうがくがいろん(法学概論) = 법학 개론
□ がいろんとかくろん(概論と各論) = 개론과 각론

- □ しゅうしろんぶん(修士論文) = 석사 논문
- □ はくしろんぶん(博士論文) = 박사 논문

- □ じょろんとほんろん(序論と本論) = 서론과 본론
- □ ほんろんにはいる(本論に入る) = 본론으로 들어가다

❽ 혁명, 개혁, 진보, 계급, 쇄국, 근대화 등 역사 개념 및 어휘

- ▶ かくめい(革命) = 혁명
- ▶ かいかく(改革) = 개혁
- ▶ しんぽ(進歩) = 진보
- ▶ かいきゅう(階級) = 계급
- ▶ さこく(鎖国) = 쇄국
- ▶ きんだいか(近代化) = 근대화

- □ さんぎょうかくめい(産業革命) = 산업 혁명
- □ むけつかくめい(無血革命) = 무혈 혁명

- □ しゅうきょうかいかく(宗教改革) = 종교 개혁
- □ とちかいかく(土地改革) = 토지 개혁

□ きゅうそくなしんぽ(急速な進歩) = 급속한 진보
□ かくだんのしんぽ(格段の進歩) = 현격한 진보

□ かいきゅうとうそう(階級闘争) = 계급 투쟁
□ じぬしかいきゅう(地主階級) = 지주 계급

□ さこくしゅぎ(鎖国主義) = 쇄국 주의
□ さこくせいさく(鎖国政策) = 쇄국 정책

□ きんだいかのなみ(近代化の波) = 근대화의 물결
□ きんだいかをすすめる(近代化を進める) = 근대화를 추진하다

❾ 명사, 동사, 형용사, 조동사, 조사, 부사, 관사, 전치사, 접속사, 타동사 등 품사의 명칭

▶ めいし(名詞) = 명사
▶ どうし(動詞) = 동사
▶ けいようし(形容詞) = 형용사
▶ じょどうし(助動詞) = 조동사
▶ じょし(助詞) = 조사

- ▶ ふくし(副詞) = 부사
- ▶ かんし(冠詞) = 관사
- ▶ ぜんちし(前置詞) = 전치사
- ▶ せつぞくし(接続詞) = 접속사
- ▶ たどうし(他動詞) = 타동사

- ☐ こゆうめいし(固有名詞) = 고유 명사
- ☐ ふつうめいし(普通名詞) = 보통 명사
- ☐ ちゅうしょうめいし(抽象名詞) = 추상 명사

- ☐ きそくどうし(規則動詞) = 규칙 동사
- ☐ へんそくどうし(変則動詞) = 변칙 동사
- ☐ しえきどうし(使役動詞) = 사역 동사

- ☐ めいしからはせいしたけいようし(名詞から派生した形容詞)
  = 명사에서 파생된 형용사
- ☐ けいようしはすぐあとのめいしをかかる(形容詞はすぐあとの名詞を係る) = 형용사는 바로 다음의 명사를 수식한다

- ☐ かんりょうのじょどうし(完了の助動詞) = 완료의 조동사
- ☐ じはつのじょどうし(自発の助動詞) = 자발 조동사

□ かかりじょし(係り助詞) = 관계 조사

□ きょういのじょし(強意の助詞) = 뜻을 강조하는 조사

□ ふくしくとふくしせつ(副詞句と副詞節) = 부사구와 부사절

□ かんけいふくし(関係副詞) = 관계 부사

□ かんぜんたどうし(完全他動詞) = 완전 타동사

□ ふかんぜんたどうし(不完全他動詞) = 불완전 타동사

❿ 윤리학, 민속학, 심리학, 법학, 사회학 등 문과계 학문의 명칭

▶ りんりがく(倫理学) = 윤리학

▶ ろんりがく(論理学) = 논리학

▶ しんりがく(心理学) = 심리학

▶ ほうがく(法学) = 법학

▶ しゃかいがく(社会学) = 사회학

□ せいめいりんりがく(生命倫理学) = 생명 윤리학

□ かんきょうりんりがく(環境倫理学) = 환경 윤리학

□ けいしきろんりがく(形式論理学) = 형식 논리학
□ きごうろんりがく(記号論理学) = 기호 논리학

□ きょういくしんりがく(教育心理学) = 교육 심리학
□ ぶんせきしんりがく(分析心理学) = 분석 심리학
□ にんちしんりがく(認知心理学) = 인지 심리학

□ ひかくほうがく(比較法学) = 비교 법학
□ じゅんすいほうがく(純粋法学) = 순수 법학

□ きょういくしゃかいがく(教育社会学) = 교육 사회학
□ しゅうきょうしゃかいがく(宗教社会学) = 종교 사회학
□ げんごしゃかいがく(言語社会学) = 언어 사회학

⓫ 수학, 물리학, 동물학, 생리학 등 이과계 학문 명칭

▶ すうがく(数学) = 수학
▶ ぶつりがく(物理学) = 물리학
▶ どうぶつがく(動物学) = 동물학
▶ せいりがく(生理学) = 생리학

▶ ほういがく(法医学) = 법의학

□ しょとうすうがく(初等数学) = 초등 수학
□ こうとうすうがく(高等数学) = 고등 수학
□ じゅんせいすうがく(純正数学) = 순정[순수] 수학

□ こてんぶつりがく(古典物理学) = 고전 물리학
□ りろんぶつりがく(理論物理学) = 이론 물리학
□ おうようぶつりがく(応用物理学) = 응용 물리학

□ なんたいどうぶつがく(軟体動物学) = 연체 동물학
□ えいせいどうぶつがく(衛生動物学) = 위생 동물학

□ はっせいせいりがく(発生生理学) = 발생 생리학
□ びょうりせいりがく(病理生理学) = 병리 생리학

kotoba

ほんのう(本能) = 본능
こうかん(交換) = 교환
けいざい(経済) = 경제
えんぜつ(演説) = 연설
こうじょ(控除) = 공제
せいしょく(生殖) = 생식
ぼせい(母性) = 모성
きそう(帰巣) = 귀소
こてん(古典) = 고전
ひんし(品詞) = 품사
ぼいん(母音) = 모음
りろん(理論) = 이론
せんそう(戦争) = 전쟁
けんしゅう(研修) = 연수
がくは(学派) = 학파

けんきゅう(研究) = 연구
てんさい(天才) = 천재
ぶんるい(分類) = 분류
しいん(子音) = 자음
かてい(仮定) = 가정
めいだい(命題) = 명제
はんしょう(反証) = 반증
すいろん(推論) = 추론
せいぜん(整然) = 정연
ひやく(飛躍) = 비약
めいかい(明快) = 명쾌
かせつ(仮説) = 가설
ろんばく(論駁) = 논박
けんりょく(権力) = 권력
あいこう(愛好) = 애호

kotoba

どくりつ(独立) = 독립
しんせい(真正) = 진정
やすで(安手) = 사이비
れんぽう(連邦) = 연방
じしゅ(自主) = 자주
せんげん(宣言) = 선언
げんしゅ(元首) = 원수
きこう(機構) = 기구
れんごう(連合) = 연합
ぼうめい(亡命) = 망명
りんじ(臨時) = 임시
かと(過渡) = 과도
こくすい(国粋) = 국수
ぐんこく(軍国) = 군국
みんぞく(民族) = 민족
きょうさん(共産) = 공산

ぼうれい(亡霊) = 망령
ふっかつ(復活) = 부활
たんいつ(単一) = 단일
しょうすう(少数) = 소수
かいきゅう(階級) = 계급
せいぎ(正義) = 정의
げんし(原始) = 원시
りろん(理論) = 이론
こくさい(国際) = 국제
ほうそく(法則) = 법칙
にんしき(認識) = 인식
ぶんせき(分析) = 분석
ほうほう(方法) = 방법
ぶそう(武装) = 무장
じゅうりょく(重力) = 중력
ふへん(不変) = 불변

 **kotoba**

ふそく(不足) = 부족

じょうせい(情勢) = 정세

てってい(徹底) = 철저

がいろん(概論) = 개론

ろんぶん(論文) = 논문

ほうがく(法学) = 법학

しゅうし(修士) = 석사

かくめい(革命) = 혁명

さんぎょう(産業) = 산업

しゅうきょう(宗教) = 종교

とち(土地) = 토지

きゅうそく(急速) = 급속

とうそう(闘争) = 투쟁

じぬし(地主) = 지주

せいさく(政策) = 정책

めいし(名詞) = 명사

どうし(動詞) = 동사

ちゅうしょう(抽象) = 추상

きそく(規則) = 규칙

へんそく(変則) = 변칙

しえき(使役) = 사역

はせい(派生) = 파생

かんりょう(完了) = 완료

かんぜん(完全) = 완전

りんり(倫理) = 윤리

しんり(心理) = 심리

せいめい(生命) = 생명

かんきょう(環境) = 환경

けいしき(形式) = 형식

きごう(記号) = 기호

きょういく(教育) = 교육

ぶんせき(分析) = 분석

kotoba

ひかく(比較) = 비교
にんち(認知) = 인지
じゅんすい(純粋) = 순수
げんご(言語) = 언어
すうがく(数学) = 수학
ぶつり(物理) = 물리
しょとう(初等) = 초등
どうぶつ(動物) = 동물

せいりがく(生理学) = 생리학
こうとう(高等) = 고등
じゅんせい(純正) = 순정
こてん(古典) = 고전
おうよう(応用) = 응용
なんたい(軟体) = 연체
えいせい(衛生) = 위생
びょうり(病理) = 병리

あげる(挙げる) = 들다
くだす(下す) = 내리다
すぎない(過ぎない) = 불과하다
あやまれる(誤れる) = 그릇되다
たおれる(倒れる) = 넘어지다

える(得る) = 얻다
ただしい(正しい) = 올바르다
きく(聞く) = 듣다
はいる(入る) = 들어가다
すすめる(進める) = 추진하다

2

교육

❶ 국민학교, 중학교, 고등학교, 사범학교, 대학, 대학원 등 학교를 가리키는 말. 참고로 1941년 일본에서 '국민학교령'이 제정되면서 소학교를 국민학교로 고쳐 부르게 되었습니다. '국민학교' 명칭은 1947년에 다시 소학교로 바뀌었습니다. 그러나 우리나라에서는 '국민학교'라는 명칭이 1996년 2월까지 사용되다가 같은 해 3월 1일 초등학교로 이름이 바뀌었습니다. 우리나라의 '대학교'를 일본에서는 그냥 '대학'이라고 칭합니다. 일본에서는 현재 방위대학교(防衛大學校) 이외에는 대학교라는 명칭을 사용하지 않습니다.

▶ こくみんがっこう(国民学校) = 국민학교
▶ ちゅうがっこう(中学校) = 중학교
▶ こうとうがっこう(高等学校) = 고등학교

- ▶ だいがく(大学) = 대학
- ▶ しはんだいがく(師範大学) = 사범대학
- ▶ だいがくいん(大学院) = 대학원

- □ こくみんかよう(国民歌謡) = 국민가요
- □ こくみんのいもうと(国民の妹) = 국민 여동생

- □ ふせつちゅうがっこう(付設中学校) = 부설 중학교
- □ へいせつちゅうがっこう(併設中学校) = 병설 중학교

- □ じつぎょうこうとうがっこう(実業高等学校) = 실업 고등학교
- □ ふぞくこうとうがっこう(付属高等学校) = 부속 고등학교

- □ めいもんだいがく(名門大学) = 명문 대학
- □ しはんがっこうでのせんせい(師範学校出の先生)
   = 사범학교 출신의 선생

- □ こくぼうだいがくいん(国防大学院) = 국방 대학원
- □ だいがくいんにせきをおく(大学院に籍を置く)
   = 대학원에 적을 두다

❷ 교육계, 학계, 상아탑, 국립학교, 공립학교, 사립학교 등 교육 및 학교에 관련된 말

▶ きょういくかい(教育界) = 교육계
▶ がっかい(学界) = 학계
▶ ぞうげのとう(象牙の塔) = 상아탑
▶ こくりつがっこう(国立学校) = 국립학교
▶ こうりつがっこう(公立学校) = 공립학교
▶ しりつがっこう(私立学校) = 사립학교

□ えいさいきょういく(英才教育) = 영재 교육
□ ばんきんのきょういくかい(輓近の教育界) = 최근의 교육계

□ がっかいのどうせい(学界の動静) = 학계의 동정
□ がっかいのきょほう(学界の巨峰) = 학계의 거봉

□ ぞうげにちょうこくする(象牙に彫刻する) = 상아에 조각하다
□ ぞうげのとうにこもる(象牙の塔に籠る) = 연구에 몰두하다

□ こくりつぼち(国立墓地) = 국립 묘지
□ こくりつはくぶつかん(国立博物館) = 국립 박물관

□ こうりつびょういん(公立病院) = 공립 병원

□ こうりつとしょかん(公立図書館) = 공립 도서관

□ しりつだいがく(私立大学) = 사립 대학

□ しりつたんてい(私立探偵) = 사립 탐정

❸ 학령, 학년, 학기, 학과, 문과, 이과 등 수업 및 분과 관련 용어

▶ がくれい(学齢) = 학령

▶ がくねん(学年) = 학년

▶ がっき(学期) = 학기

▶ がっか(学科) = 학과

▶ ぶんか(文科) = 문과

▶ りか(理科) = 이과

□ がくれいまえのこども(学齢前の子供) = 취학 연령 전의 어린이

□ がくれいにたっする(学齢に達する) = 학령에 달하다

□ ていがくねんのせいと(低学年の生徒) = 저학년 학생

□ さいこうがくねん(最高学年) = 최고 학년

- [ ] しんがっき(新学期) = 신학기
- [ ] がっきまつ(学期末) = 학기말

- [ ] けいざいがっか(経済学科) = 경제학과
- [ ] しんせつのがっか(新設の学科) = 신설 학과

- [ ] ぶんかだいがく(文科大学) = 문과 대학
- [ ] ぶんかけいにすすむ(文科系に進む) = 문과계로 진학하다

- [ ] とうきょうりかだいがく(東京理科大学) = 도쿄 이과대학
- [ ] りかにしんがくする(理科に進学する) = 이과에 진학하다

❹ 교장, 교원, 과목, 출석, 결석, 과정 등 교육자와 학무에 관련된 용어

▶ こうちょう(校長) = 교장
▶ きょういん(教員) = 교원
▶ かもく(科目) = 과목
▶ しゅっせき(出席) = 출석

▶ けっせき(欠席) = 결석
▶ かてい(課程) = 과정

□ こうちょうせんせい(校長先生) = 교장 선생님
□ こうちょうのくんわ(校長の訓話) = 교장 선생님의 훈화

□ ひらのきょういん(平の教員) = 평교사
□ きょういんめんきょじょう(教員免許状) = 교사 자격증

□ きょうようかもく(教養科目) = 교양 과목
□ ひっすかもく(必須科目) = 필수 과목

□ しゅっせきにっすう(出席日数) = 출석 일수
□ しゅっせきをとる(出席を取る) = 출석을 부르다

□ むだんけっせき(無断欠席) = 무단결석
□ けっせきとどけ(欠席届) = 결석 신고서

□ きょうかかてい(教科課程) = 교과 과정
□ しゅうしかてい(修士課程) = 석사 과정

❺ 졸업, 학력, 내신, 유학, 학자금 등 학업에 관련된 용어

▶ そつぎょう(卒業) = 졸업
▶ がくりょく(学力) = 학력
▶ がくれき(学歴) = 학력
▶ ないしん(内申) = 내신
▶ りゅうがく(留学) = 유학
▶ がくしきん(学資金) = 학자금

□ そつぎょうろんぶん(卒業論文) = 졸업 논문
□ そつぎょうしょうしょ(卒業証書) = 졸업 증서

□ きそがくりょく(基礎学力) = 기초 학력
□ がくりょくこうさ(学力考査) = 학력 고사

□ さいしゅうがくれき(最終学歴) = 최종 학력
□ たかいがくれき(高い学歴) = 고학력

□ ないしんせいせき(内申成績) = 내신 성적
□ しゅっしんこうのないしんしょ(出身校の内申書)
  = 출신교의 내신서

□ にほんりゅうがくしけん(日本留学試験) = 일본 유학 시험
□ りゅうがくのみちにつく(留学の途に就く) = 유학길에 오르다

❻ 교실, 교단, 낭하, 도서관 등 학교 시설을 가리키는 말

▶ きょうしつ(教室) = 교실
▶ きょうだん(教壇) = 교단
▶ ろうか(廊下) = 낭하 ; 복도
▶ としょかん(図書館) = 도서관
▶ しぶつ(私物) = 사물

□ いけばなきょうしつ(生け花教室) = 꽃꽂이 교실
□ あおぞらきょうしつ(青空教室) = 야외 수업

□ きょうだんにたつ(教壇に立つ) = 교단에 서다(교사가 되다)
□ きょうだんをさる(教壇を去る) = 교단을 떠나다(퇴직하다)

□ ろうかがながい(廊下が長い) = 복도가 길다
□ わたりろうか(渡り廊下) = 두 건물을 잇는 복도

☐ こっかいとしょかん(国会図書館) = 국회 도서관
☐ でんしとしょかん(電子図書館) = 전자 도서관

☐ しぶつかする(私物化する) = 사물화하다
☐ しぶつばこ(私物箱) = 개인 보관함

❼ 국어, 영어, 과학, 지리, 음악, 미술 등 학과에 관련된 용어

▶ こくご(国語) = 국어
▶ えいご(英語) = 영어
▶ かがく(科学) = 과학
▶ ちり(地理) = 지리
▶ おんがく(音楽) = 음악
▶ びじゅつ(美術) = 미술

☐ こくごのほん(国語の本) = 국어 책
☐ こくごじてん(国語辞典) = 국어 사전

☐ じじえいご(時事英語) = 시사 영어
☐ えいごこうどく(英語購読) = 영어 강독

2. 교육 223

□ しぜんかがく(自然科学) = 자연 과학
□ うちゅうかがく(宇宙科学) = 우주 과학

□ ちりふず(地理付図) = 지리 부도
□ ちりにくらい(地理に暗い) = 지리에 어둡다

□ じつようおんがく(実用音楽) = 실용 음악
□ ぶたいびじゅつ(舞台美術) = 무대 미술

❽ 교과서, 문방구, 독본, 문법, 단어, 숙어 등 학습 관련 용어

▶ きょうかしょ(教科書) = 교과서
▶ ぶんぼうぐ(文房具) = 문방구
▶ どくほん(読本) = 독본
▶ ぶんぽう(文法) = 문법
▶ たんご(単語) = 단어
▶ じゅくご(熟語) = 숙어

□ こくていきょうかしょ(国定教科書) = 국정 교과서
□ れきしきょうかしょもんだい(歴史教科書問題)

= 역사 교과서 문제

- □ ぶんぼうぐるい(文房具類) = 문방구류
- □ ぶんぼうぐや(文房具屋) = 문방구점

- □ ぶんしょうどくほん(文章読本) = 문장 독본
- □ ほしゅうどくほん(補習読本) = 보충 교재

- □ ぶんぽうようご(文法用語) = 문법 용어
- □ ぶんぽうべんらん(文法便覧) = 문법 편람

- □ きしゅうたんご(既習単語) = 이미 배운 단어
- □ たんごをはいする(単語を排する) = 단어를 배열하다

- □ よじじゅくご(四字熟語) = 사자숙어
- □ ひっしゅつのじゅくご(必出の熟語) = 시험에 반드시 나오는 숙어

❾ 예습, 복습, 낭독, 암산, 문답식 등 학습 방법에 관한 용어

▶ よしゅう(予習) = 예습

▶ ふくしゅう(復習) = 복습

▶ ろうどく(朗読) = 낭독

▶ あんざん(暗算) = 암산

▶ もんどうしき(問答式) = 문답식

☐ あしたのよしゅう(明日の予習) = 내일의 예습

☐ ぜんかのよしゅうをする(全科の予習をする)
　　= 모든 과목을 예습하다

☐ ふくしゅうがたりない(復習が足りない) = 복습이 부족하다

☐ ふくしゅうをおろそかにする(復習を疎かにする)
　　= 복습을 소홀히 하다

☐ しのろうどく(詩の朗読) = 시 낭독

☐ せいめいぶんをろうどくする(声明文を朗読する)
　　= 성명문을 낭독하다

☐ あんざんでこたえる(暗算で答える) = 암산으로 답하다

☐ あんざんをしそこなう(暗算を為損う) = 암산을 잘못하다

☐ ぜんもんどう(禅問答) = 선문답

☐ もんどうをかわす(問答を交わす) = 문답을 주고받다

kotoba

だいがく(大学) = 대학
だいがくいん(大学院) = 대학원
かよう(歌謡) = 가요
へいせつ(併設) = 병설
ふぞく(付属) = 부속
めいもん(名門) = 명문
びょういん(病院) = 병원
けんどう(剣道) = 검도
こくぼう(国防) = 국방
ぞうげのとう(象牙の塔) = 상아탑
こくりつ(国立) = 국립
こうりつ(公立) = 공립
しりつ(私立) = 사립
えいさい(英才) = 영재

どうせい(動静) = 동정
きょほう(巨峰) = 거봉
ちょうこく(彫刻) = 조각
ぼち(墓地) = 묘지
はくぶつかん(博物館) = 박물관
としょかん(図書館) = 도서관
がくれい(学齢) = 학령
がっか(学科) = 학과
ぶんか(文科) = 문과
りか(理科) = 이과
こども(子供) = 어린이
さいこう(最高) = 최고
しんせつ(新設) = 신설
しんがく(進学) = 진학
かもく(科目) = 과목

kotoba

こうちょう(校長) = 교장
きょういん(教員) = 교원
かてい(課程) = 과정
くんわ(訓話) = 훈화
きょうよう(教養) = 교양
にっすう(日数) = 일수
きょうか(教科) = 교과
けっせきとどけ(欠席届) = 결석신고서
そつぎょう(卒業) = 졸업
がくれき(学歴) = 학력
ないしん(内申) = 내신
りゅうがく(留学) = 유학
しょうしょ(証書) = 증서
きそ(基礎) = 기초
さいしゅう(最終) = 최종

しゅっしんこう(出身校) = 출신고
しけん(試験) = 시험
しぶつ(私物) = 사물
きょうだん(教壇) = 교단
ろうか(廊下) = 낭하 ; 복도
あおぞら(青空) = 창공
いけばな(生け花) = 꽃꽂이
かがく(科学) = 과학
ちり(地理) = 지리
おんがく(音楽) = 음악
びじゅつ(美術) = 미술
じじ(時事) = 시사
こうどく(購読) = 강독
しぜん(自然) = 자연
うちゅう(宇宙) = 우주

 **kotoba**

じつよう(実用) = 실용
かんしょう(鑑賞) = 감상
ぶたい(舞台) = 무대
かんとく(監督) = 감독
どくほん(読本) = 독본
ぶんぼうぐ(文房具) = 문방구
じゅくご(熟語) = 숙어
こくてい(国定) = 국정
もんだい(問題) = 문제
ぶんしょう(文章) = 문장

ほしゅう(補習) = 보습
ようご(用語) = 용어
べんらん(便覧) = 편람
よじじゅくご(四字熟語) = 사자숙어
よしゅう(予習) = 예습
ふくしゅう(復習) = 복습
ろうどく(朗読) = 낭독
あんざん(暗算) = 암산
もんどうしき(問答式) = 문답식

こもる(籠る) = 틀어박히다
たっする(達する) = 달하다
すすむ(進む) = 나아가다
さる(去る) = 떠나다
わたる(渡る) = 건너다

はいする(排する) = 배열하다
たりない(足りない) = 부족하다
おろそかにする(疎かにする) = 소홀히 하다
しそこなう(為損う) = 잘못하다

3

문화

❶ 신문, 기자, 사설, 조간, 석간, 배포 등 신문 관련 어휘

▶ しんぶん(新聞) = 신문
▶ きしゃ(記者) = 기자
▶ しゃせつ(社説) = 사설
▶ ちょうかん(朝刊) = 조간
▶ ゆうかん(夕刊) = 석간
▶ はいふ(配布) = 배포

□ よみうりしんぶん(読売新聞) = 요미우리 신문
□ あさひしんぶん(朝日新聞) = 아사히 신문

- □ きしゃかいけん(記者会見) = 기자 회견
- □ あくとくきしゃ(悪徳記者) = 악덕 기자

- □ しんぶんのしゃせつらん(新聞の社説欄) = 신문의 사설란
- □ しゃせつをよみくらべる(社説を読み比べる)
  = 사설을 읽고 비교하다

- □ ちょうかんしんぶんをとる(朝刊新聞を取る)
  = 조간 신문을 구독하다
- □ ちょうかんにめをとおす(朝刊に目を通す) = 조간을 훑어보다

- □ ゆうかんのしんぶん(夕刊の新聞) = 석간 신문
- □ そのきじはゆうかんにでた(その記事は夕刊に出た)
  = 그 기사는 석간에 나왔다

- □ むしょうではいふする(無償で配布する) = 무상으로 배포하다
- □ ちらしをはいふする(散らしを配布する) = 전단을 배포하다

❷ 방송, 방송국, 녹취, 녹화, 단신, 난시청 등 방송 관련 어휘

- ▶ ほうそう(放送) = 방송
- ▶ ほうそうきょく(放送局) = 방송국
- ▶ ろくしゅ(録取) = 녹취
- ▶ ろくが(録画) = 녹화
- ▶ たんしん(短信) = 단신
- ▶ なんしちょう(難視聴) = 난시청

- □ なまほうそう(生放送) = 생방송
- □ さいほうそう(再放送) = 재방송

- □ ちゅうおうほうそうきょく(中央放送局) = 중앙 방송국
- □ ほうそうきょくにつとめる(放送局に勤める) = 방송국에 근무하다

- □ ろくしゅろく(録取録) = 녹취록
- □ ろくがほうそう(録画放送) = 녹화방송

- □ なんしちょうちいき(難視聴地域) = 난시청 지역
- □ なんしちょうをかいしょうする(難視聴を解消する)
  = 난시청을 해소하다

❸ 논단, 논전, 등재, 잡지, 기관지, 배부 등 잡지 관련 어휘

▶ ろんだん(論壇) = 논단
▶ ろんせん(論戦) = 논전
▶ とうさい(登載) = 등재
▶ ざっし(雑誌) = 잡지
▶ はいふ(配付) = 배부

□ ろんだんじひょう(論壇時評) = 논단 시평
□ ろんだんであばれる(論壇で暴れる) = 논단에서 활약하다

□ ろんせんをまじえる(論戦を交える) = 논전을 벌이다
□ はげしいろんせん(激しい論戦) = 격렬한 논전

□ ざっしにとうさいしたしょうせつ(雑誌に登載した小説)
 = 잡지에 실은 소설
□ とうしょをとうさいする(投書を登載する) = 투서를 싣다

□ げっかんざっし(月刊雑誌) = 월간 잡지
□ ごらくざっし(娯楽雑誌) = 오락 잡지

□ こうほうをはいふする(広報を配付する) = 홍보물을 배부하다

□ しなものをはいふする(品物を配付する) = 물품을 배부하다

❹ 시가, 소설, 단편소설, 장편소설, 서사시, 서정시 등 문학에 관련된 어휘

▶ しいか(詩歌) = 시가
▶ しょうせつ(小説) = 소설
▶ たんぺんしょうせつ(短編小説) = 단편소설
▶ ちょうへんしょうせつ(長編小説) = 장편소설
▶ じょじし(叙事詩) = 서사시
▶ じょじょうし(抒情詩) = 서정시

□ しいかをあいこうする(詩歌を愛好する) = 시가를 애호하다
□ しいかをひょうしゃくする(詩歌を評釈する) = 시가를 평석하다

□ しょうせつさほう(小説作法) = 소설 작법
□ さんもんしょうせつ(三文小説) = 싸구려 소설

□ れんさくたんぺん(連作短編) = 연작 단편
□ たんぺんえいが(短編映画) = 단편 영화

□ ちょうへんをかきあげる(長編を書上げる) = 장편을 완성하다
□ ちょうへんしょうせつのしょうやく(長編小説の抄訳)
　= 장편소설의 초역

□ えいゆうじょじし(英雄叙事詩) = 영웅 서사시
□ じょじょうみんようし(抒情民謠詩) = 서정 민요시

❺ 원고, 교정, 도안, 인쇄, 출판, 색인 등 출판 관련 어휘

▶ げんこう(原稿) = 원고
▶ こうてい(校訂) = 교정
▶ ずあん(図案) = 도안
▶ いんさつ(印刷) = 인쇄
▶ しゅっぱん(出版) = 출판
▶ さくいん(索引) = 색인

□ したげんこう(下原稿) = 초고
□ なまげんこう(生原稿) = 육필 원고

□ こうていほん(校訂本) = 교정본

3. 문화 235

☐ にどめのこうてい(二度目の校訂) = 두 번째 교정

☐ ずあんをえがく(図案を描く) = 도안을 그리다
☐ こうこくのずあん(広告の図案) = 광고의 도안

☐ もくはんいんさつ(木版印刷) = 목판 인쇄
☐ かっぱんいんさつ(活版印刷) = 활판 인쇄

☐ じひしゅっぱん(自費出版) = 자비 출판
☐ げんていしゅっぱん(限定出版) = 한정 출판

☐ ぶしゅさくいん(部首索引) = 부수 색인
☐ しょめいさくいん(書名索引) = 서명 색인

❻ 서점, 단행본, 문고, 대계, 동화, 별책 등 서점 관련 어휘

▶ しょてん(書店) = 서점
▶ たんこうぼん(単行本) = 단행본
▶ ぶんこ(文庫) = 문고
▶ たいけい(大系) = 대계

▶ どうわ(童話) = 동화
▶ べっさつ(別冊) = 별책

□ いわなみしょてん(岩波書店) = 이와나미 서점
□ きのくにやしょてん(紀伊国屋書店) = 기노쿠니야 서점

□ たんこうぼんとしてしゅっぱんする(単行本として出版する)
　= 단행본으로 출판하다
□ ぶんこばんにしゅくさつする(文庫版に縮刷する)
　= 문고판으로 축쇄하다

□ にほんしたいけい(日本史大系) = 일본사 대계
□ せかいぶんがくたいけい(世界文学大系) = 세계문학 대계

□ でんらいどうわ(伝来童話) = 전래 동화
□ どうわさっか(童話作家) = 동화 작가

□ べっさつふろく(別冊付録) = 별책 부록
□ とくしゅうはべっさつになっている(特集は別冊になる)
　= 특집은 별책으로 만든다.

❼ 문예, 문체, 문단, 문맥, 사조 등 문예 관련 어휘

▶ ぶんげい(文芸) = 문예
▶ ぶんたい(文体) = 문체
▶ ぶんだん(文壇) = 문단
▶ ぶんみゃく(文脈) = 문맥
▶ しちょう(思潮) = 사조

☐ しんしゅんぶんげい(新春文芸) = 신춘 문예
☐ ぶんげいふっこう(文芸復興) = 문예 부흥

☐ かんけつなぶんたい(簡潔な文体) = 간결한 문체
☐ ゆうがなぶんたい(優雅な文体) = 우아한 문체

☐ ぶんだんのきさい(文壇の鬼才) = 문단의 귀재
☐ ぶんだんにでる(文壇に出る) = 문단에 나가다

☐ ぶんみゃくをたどる(文脈を辿る) = 문맥을 더듬다
☐ ぶんみゃくがみだれている(文脈が乱れている)
  = 문맥이 서 있지 않다

☐ じだいしちょう(時代思潮) = 시대 사조

□ しちょうのへんせん(思潮の変遷) = 사조의 변천

❽ 다도, 분재, 사진, 활동사진, 도락 등 취미 관련 어휘

▶ ちゃどう(茶道) = 다도
▶ ぼんさい(盆栽) = 분재
▶ しゃしん(写真) = 사진
▶ かつどうしゃしん(活動写真) = 활동사진
▶ どうらく(道楽) = 도락

□ ちゃどうのそうけ(茶道の宗家) = 다도의 종가
□ ちゃどうのりゅうは(茶道の流派) = 다도의 유파

□ ぼんさいをいじる(盆栽を弄る) = 분재를 손질하다
□ ぼんさいをたのしむ(盆栽を楽しむ) = 분재를 즐기다

□ ふうけいしゃしん(風景写真) = 풍경 사진
□ そつぎょうしゃしん(卒業写真) = 졸업 사진

□ くいどうらく(食道楽) = 식도락

- □ どうらくむすこ(道楽息子) = 방탕한 자식

❾ 국기계양, 국민의례, 만세삼창, 국위선양, 귀화, 시민 등 국가와 관련된 어휘

▶ こっきけいよう(国旗掲揚) = 국기계양
▶ こくみんぎれい(国民儀礼) = 국민의례
▶ ばんざいさんしょう(万歳三唱) = 만세삼창
▶ こくいせんよう(国威宣揚) = 국위선양
▶ きか(帰化) = 귀화
▶ しみん(市民) = 시민

- □ こっきへのせんせい(国旗への宣誓) = 국기에 대한 맹세
- □ こっきをあげる(国旗を揚げる) = 국기를 게양하다

- □ つうかぎれい(通過儀礼) = 통과의례
- □ かていぎれいじゅんそく(家庭儀礼準則) = 가정의례 준칙

- □ ばんざいをさけぶ(万歳を叫ぶ) = 만세를 부르다
- □ ばんざいのどよめき(万歳の響めき) = 우렁찬 만세 소리

- □ こくいけんよう(国威顕揚) = 국위현양
- □ こくいをかがやかす(国威を輝かす) = 국위를 빛내다

- □ きかしんせい(帰化申請) = 귀화신청
- □ きかをゆるす(帰化を許す) = 귀화를 허가하다

- □ しみんかいかん(市民会館) = 시민 회관
- □ めいよしみん(名誉市民) = 명예 시민

❿ 성년, 결혼, 신혼여행, 양로원, 납골 등 인간의 일생에 관련된 어휘

- ▶ せいねん(成年) = 성년
- ▶ けっこん(結婚) = 결혼
- ▶ しんこんりょこう(新婚旅行) = 신혼여행
- ▶ ようろういん(養老院) = 양로원
- ▶ のうこつ(納骨) = 납골

- □ せいねんだんし(成年男子) = 성년 남자
- □ せいねんにたっする(成年に達する) = 성년이 되다

- □ けっこんばなし(結婚話) = 혼담
- □ けっこんとどけ(結婚届) = 혼인 신고
- □ せいりゃくけっこん(政略結婚) = 정략 결혼

- □ しんこんのしょや(新婚の初夜) = 신혼 초야
- □ みつげつりょこう(蜜月旅行) = 밀월 여행

- □ ようろうほけん(養老保険) = 양로 보험
- □ ようろういんにはいる(養老院に入る) = 양로원에 들어가다

- □ のうこつどう(納骨堂) = 납골당
- □ のうこつしき(納骨式) = 납골식

❶ 감각, 미각, 촉각, 청력, 쾌감, 성감, 성욕 등 인간의 감각과 관련된 어휘

- ▶ かんかく(感覚) = 감각
- ▶ みかく(味覚) = 미각
- ▶ しょっかく(触覚) = 촉각
- ▶ ちょうりょく(聴力) = 청력

▶ かいかん(快感) = 쾌감
▶ せいかん(性感) = 성감
▶ せいよく(性欲) = 성욕

□ かんかくきのう(感覚機能) = 감각 기능
□ ほうこうかんかく(方向感覚) = 방향 감각

□ みかくきかん(味覚器官) = 미각 기관
□ みかくしんけい(味覚神経) = 미각 신경

□ しょっかくさいぼう(触覚細胞) = 촉각 세포
□ ゆびさきのしょっかく(指先の触覚) = 손끝의 촉각

□ ちょうりょくけんさ(聴力検査) = 청력 검사
□ ちょうりょくがにぶる(聴力が鈍る) = 청력이 둔해지다

□ かいかんをおぼえる(快感を覚える) = 쾌감을 느끼다
□ かいかんをあじわう(快感を味わう) = 쾌감을 맛보다

□ せいかんたい(性感帯) = 성감대
□ せいよくがおこる(性欲が起る) = 성욕이 일어나다

 **kotoba**

しゃせつ(社説) = 사설
ちょうかん(朝刊) = 조간
ゆうかん(夕刊) = 석간
はいふ(配布) = 배포
かいけん(会見) = 회견
あくとく(悪徳) = 악덕
むしょう(無償) = 무상
ちらし(散らし) = 전단
ほうそう(放送) = 방송
ろくしゅ(録取) = 녹취
ろくが(録画) = 녹화
たんしん(短信) = 단신
なんしちょう(難視聴) = 난시청
ちいき(地域) = 지역
かいしょう(解消) = 해소
ろんだん(論壇) = 논단

ろんせん(論戦) = 논전
とうさい(登載) = 등재
じひょう(時評) = 시평
とうしょ(投書) = 투서
げっかん(月刊) = 월간
こうほう(広報) = 홍보
しなもの(品物) = 물품
たんぺん(短編) = 단편
じょじ(叙事) = 서사
じょじょう(抒情) = 서정
あいこう(愛好) = 애호
ひょうしゃく(評釈) = 평석
さほう(作法) = 작법
れんさく(連作) = 연작
しょうやく(抄訳) = 초역
みんよう(民謡) = 민요

 **kotoba**

こうてい(校訂) = 교정
ずあん(図案) = 도안
いんさつ(印刷) = 인쇄
しゅっぱん(出版) = 출판
さくいん(索引) = 색인
こうこく(広告) = 광고
もくはん(木版) = 목판
かっぱん(活版) = 활판
じひ(自費) = 자비
げんてい(限定) = 한정
ぶしゅ(部首) = 부수
しょめい(書名) = 서명
しょてん(書店) = 서점
たんこうぼん(単行本) = 단행본
ぶんこ(文庫) = 문고
たいけい(大系) = 대계

どうわ(童話) = 동화
べっさつ(別冊) = 별책
しゅくさつ(縮刷) = 축쇄
でんらい(伝来) = 전래
ふろく(付録) = 부록
とくしゅう(特集) = 특집
ぶんげい(文芸) = 문예
ぶんたい(文体) = 문체
ぶんみゃく(文脈) = 문맥
しちょう(思潮) = 사조
ふっこう(復興) = 부흥
かんけつ(簡潔) = 간결
ゆうが(優雅) = 우아
きさい(鬼才) = 귀재
へんせん(変遷) = 변천
ちゃどう(茶道) = 다도

 **kotoba**

ぼんさい(盆栽) = 분재
どうらく(道楽) = 도락
そうけ(宗家) = 종가
りゅうは(流派) = 유파
ふうけい(風景) = 풍경
ばんざい(万歳) = 만세
せんよう(宣揚) = 선양
きか(帰化) = 귀화
しみん(市民) = 시민
せんせい(宣誓) = 선서

つうか(通過) = 통과
かてい(家庭) = 가정
じゅんそく(準則) = 준칙
けんよう(顕揚) = 현양
かいかん(会館) = 회관

めいよ(名誉) = 명예
せいねん(成年) = 성년
けっこん(結婚) = 결혼
ようろういん(養老院) = 양로원
のうこつ(納骨) = 납골
けっこんとどけ(結婚届)
= 혼인 신고
せいりゃく(政略) = 정략
しょや(初夜) = 초야
みつげつ(蜜月) = 밀월

ほけん(保険) = 보험
のうこつどう(納骨堂) = 납골당
かんかく(感覚) = 감각
みかく(味覚) = 미각
しょっかく(触覚) = 촉각

kotoba

ちょうりょく(聴力) = 청력
きのう(機能) = 기능
ほうこう(方向) = 방향
きかん(器官) = 기관

かいかん(快感) = 쾌감
しんけい(神経) = 신경
さいぼう(細胞) = 세포
ゆびさき(指先) = 손끝

くらべる(比べる) = 비교하다
とる(取る) = 잡다
つとめる(勤める) = 근무하다
とおす(通す) = 통하다
あばれる(暴れる) = 날뛰다
まじえる(交える) = 섞다
はげしい(激しい) = 격렬하다
えがく(描く) = 그리다
たどる(辿る) = 더듬다
みだれる(乱れる) = 흐트러지다

いじる(弄る) = 만지다
さけぶ(叫ぶ) = 외치다
たのしむ(楽しむ) = 즐기다
あげる(揚げる) = 게양하다
ゆるす(許す) = 허가하다
かがやかす(輝かす) = 빛내다
どよめく(響めく) = 울리다
にぶる(鈍る) = 둔해지다
あじわう(味わう) = 맛보다
おぼえる(覚える) = 기억하다

4

사법

❶ 사법, 판사, 검찰, 검사, 경찰, 경관, 형사 등 사법과 경찰 공무원 칭호에 관한 용어

- ▶ しほう(司法) = 사법
- ▶ はんじ(判事) = 판사
- ▶ けんさつ(検察) = 검찰
- ▶ けんじ(検事) = 검사
- ▶ けいさつ(警察) = 경찰
- ▶ けいかん(警官) = 경관
- ▶ けいじ(刑事) = 형사

  □ しほうきかん(司法機関) = 사법 기관

□ しほうしけん(司法試験) = 사법 시험

□ よしんはんじ(予審判事) = 예심 판사
□ ばいせきはんじ(陪席判事) = 배석 판사

□ ちほうけんさつちょう(地方検察庁) = 지방 검찰청
□ こうとうけんさつちょう(高等検察庁) = 고등 검찰청

□ ぶちょうけんじ(部長検事) = 부장 검사
□ けんじそうちょう(検事総長) = 검찰 총장

□ ひみつけいさつ(秘密警察) = 비밀 경찰
□ けいさつのいぬ(警察の犬) = 경찰의 앞잡이

□ にせけいかん(偽警官) = 가짜 경찰관
□ ふじんけいかん(婦人警官) = 여성 경찰관

□ しふくけいじ(私服刑事) = 사복 형사
□ けいじじけん(刑事事件) = 형사 사건

❷ 헌법, 법률, 민법, 형법, 상법, 민사, 법안 등 법률에 관련된 용어

- ▶ けんぽう(憲法) = 헌법
- ▶ ほうりつ(法律) = 법률
- ▶ みんぽう(民法) = 민법
- ▶ けいほう(刑法) = 형법
- ▶ しょうほう(商法) = 상법
- ▶ みんじ(民事) = 민사
- ▶ ほうあん(法案) = 법안

- ☐ けんぽうはっぷ(憲法発布) = 헌법 발포
- ☐ けんぽうようご(憲法擁護) = 헌법 옹호

- ☐ ほうりつじむしょ(法律事務所) = 법률 사무소
- ☐ ほうりつをしく(法律を敷く) = 법률을 시행하다

- ☐ みんぽうそうそく(民法総則) = 민법 총칙
- ☐ みんぽうようぎ(民法要義) = 민법 요의

- ☐ ぐんけいほう(軍刑法) = 군형법
- ☐ けいほうとしょうほう(刑法と商法) = 형법과 상법

- □ みんじじけん(民事事件) = 민사 사건
- □ みんじそしょう(民事訴訟) = 민사 소송

- □ ほうあんをきそうする(法案を起草する) = 법안을 기초하다
- □ ほうあんがとおる(法案が通る) = 법안이 통과하다

❸ 제소, 고소, 공소, 기소, 항고, 승소, 패소 등 소송 관련 용어

- ▶ ていそ(提訴) = 제소
- ▶ こくそ(告訴) = 고소
- ▶ きそ(起訴) = 기소
- ▶ こうそ(控訴) = 항소
- ▶ こうこく(抗告) = 항고
- ▶ しょうそ(勝訴) = 승소
- ▶ はいそ(敗訴) = 패소

- □ おかみにていそする(御上に提訴する) = 당국에 제소하다
- □ ていそにふみきる(提訴に踏み切る) = 제소를 단행하다

- □ こくそじょう(告訴状) = 고소장

□ こくそとりさげ(告訴取下げ) = 고소 취하

□ ついかきそ(追加起訴) = 추가 기소
□ きそゆうよ(起訴猶予) = 기소 유예

□ こうそしん(控訴審) = 항소심
□ こうそききゃく(控訴棄却) = 항고 기각

□ そくじこうこく(即時抗告) = 즉시 항고
□ さいしんこうこく(再審抗告) = 재심 항고

□ げんこくがわのしょうそ(原告側の勝訴) = 원고 측의 승소
□ ひこくがはいそする(被告が敗訴する) = 피고가 패소하다

❹ 내사, 수배, 구류, 구인, 구치, 벌금, 유치 등 경찰 업무 관련 용어

▶ ないさ(内査) = 내사
▶ てはい(手配) = 수배
▶ こうりゅう(拘留) = 구류
▶ こういん(拘引) = 구인

▶ こうち(拘置) = 구치
▶ ばっきん(罰金) = 벌금
▶ りゅうち(留置) = 유치

□ ないさはないみつなちょうさ(内査は内密な調査)
 = 내사는 내밀한 조사
□ しめいてはい(指名手配) = 지명 수배
□ てはいしゃしん(手配写真) = 수배 사진

□ こうりゅうきかん(拘留期間) = 구류 기간
□ こうりゅうにしょせられる(拘留に処せられる)
 = 구류에 처해지다

□ けいさつにこういんされる(警察に拘引される) = 경찰에 구인되다
□ こうちしょにしゅうようする(拘置所に収容する)
 = 구치소에 수용하다

□ ばっきんをかする(罰金を科する) = 벌금을 부과하다
□ ばっきんをとる(罰金を取る) = 벌금을 징수하다

□ けいさつしょのりゅうちじょう(警察署の留置場)
 = 경찰서의 유치장

☐ りゅうちじょうになげこむ(留置場に投げ込む) = 유치장에 처넣다

❺ 신원, 신병, 인도, 공술, 대질, 취조 등 피의자 및 검찰 수사에 관련된 용어

▶ みもと(身元) = 신원
▶ みがら(身柄) = 신병
▶ ひきわたし(引渡し) = 인도 ; 넘겨줌
▶ きょうじゅつ(供述) = 공술
▶ たいしつ(対質) = 대질
▶ とりしらべ(取調) = 문초

☐ みもとちょうさ(身元調査) = 신원 조사
☐ みもとほしょうにん(身元保証人) = 신원 보증인

☐ みがらをこうそくする(身柄を拘束する) = 신병을 구속하다
☐ みがらをしゃくほうする(身柄を釈放する) = 신병을 석방하다

☐ ひきわたしめいれい(引渡し命令) = 인도 명령
☐ はんざいにんひきわたし(犯罪人引渡し) = 범죄인 인도

□ きょうじゅつちょうしょ(供述調書) = 진술 조서
□ きょぎのきょうじゅつ(虚偽の供述) = 허위 진술

□ たいしつじんもん(対質尋問) = 대질 신문
□ しょうにんのたいしつ(証人の対質) = 증인의 대질

□ とりしらべしつ(取調室) = 문초실
□ ようぎしゃのとりしらべ(容疑者の取調) = 용의자의 문초

❻ 압수, 취하, 즉결, 조서, 송치, 구형 등 검찰 업무에 관련된 용어

▶ おうしゅう(押収) = 압수
▶ とりさげ(取下げ) = 취하
▶ そっけつ(即決) = 즉결
▶ ちょうしょ(調書) = 조서
▶ そうち(送致) = 송치
▶ きゅうけい(求刑) = 구형

□ まやくをおうしゅうする(麻薬を押収する) = 마약을 압수하다
□ みつゆひんのおうしゅう(密輸品の押収) = 밀수품의 압수

- □ うったえをとりさげる(訴えを取下げる) = 소송을 취하하다
- □ じひょうをとりさげる(辞表を取下げる) = 사표를 철회하다
- □ そっけつしょぶん(即決処分) = 즉결 처분
- □ ぎあんをそっけつする(議案を即決する) = 의안을 즉결하다

- □ じはくちょうしょ(自白調書) = 자백 조서
- □ ちょうしょにじしょする(調書に自署する)
  = 조서에 본인 서명을 하다

- □ はんにんをそうちする(犯人を送致する) = 범인을 송치하다
- □ しょめんをそうちする(書面を送致する) = 서면을 송치하다

- □ しけいをきゅうけいする(死刑を求刑する) = 사형을 구형하다
- □ ごねんのきんこをきゅうけいする(五年の禁固を求刑する)
  = 금고 5년을 구형하다

❼ 영장, 각하, 보석, 변호, 공판 등 재판에 관련된 용어(1)

▶ れいじょう(令状) = 영장
▶ きゃっか(却下) = 각하

▶ ほしゃく(保釈) = 보석
▶ べんご(弁護) = 변호
▶ こうはん(公判) = 공판

☐ こうそくれいじょう(拘束令状) = 구속 영장
☐ れいじょうをはっする(令状を発する) = 영장을 발부하다

☐ せいがんをきゃっかする(請願を却下する) = 청원을 각하하다
☐ じょうこくをきゃっかする(上告を却下する) = 상고를 각하하다

☐ ほしゃくきん(保釈金) = 보석금
☐ ほしゃくのせいきゅう(保釈の請求) = 보석의 청구

☐ こもんべんごし(顧問弁護士) = 고문 변호사
☐ かんせんべんごにん(官選弁護人) = 국선 변호인

☐ こうはんにふする(公判に付する) = 공판에 회부하다
☐ けっしんこうはん(結審公判) = 결심 공판

❽ 재판, 출정, 심리, 재심, 심판, 판결 등 재판에 관련된 용어(2)

▶ さいばん(裁判) = 재판
▶ しゅってい(出廷) = 출정
▶ しんり(審理) = 심리
▶ さいしん(再審) = 재심
▶ しんぱん(審判) = 심판
▶ はんけつ(判決) = 판결

□ こうとうさいばんしょ(高等裁判所) = 고등 재판소
□ けんぽうさいばんしょ(憲法裁判所) = 헌법 재판소

□ ひこくのしゅってい(被告の出廷) = 피고의 출정
□ しゅっていしてしょうげんする(出廷して証言する)
　= 출정해서 증언하다

□ しゅうちゅうしんり(集中審理) = 집중 심리
□ しんりをすすめる(審理を進める) = 심리를 진행하다

□ さいしんをせいきゅうする(再審を請求する)
　= 재심을 청구하다
□ さいしんこうこく(再審抗告) = 재심 항고

☐ だんがいしんぱん(弾劾審判) = 탄핵 심판
☐ とっきょしんぱん(特許審判) = 특허 심판
☐ いっしんはんけつ(一審判決) = 일심 판결
☐ さいしんはんけつ(再審判決) = 재심 판결

❾ 송달, 차압, 공탁, 집행, 명도, 독촉장 등 강제집행과 관련한 용어

▶ そうたつ(送達) = 송달
▶ おうりゅう(押留) = 압류
▶ きょうたく(供託) = 공탁
▶ しっこう(執行) = 집행
▶ あけわたし(明渡し) = 명도
▶ とくそくじょう(督促状) = 독촉장

☐ こうじそうたつ(公示送達) = 공시 송달
☐ けっていはおってそうたつする(決定は追って送達する)
　　= 결정은 추후에 송달한다

☐ ざいさんおうりゅう(財産押留) = 재산 압류
☐ ほしょうきんをきょうたくする(保証金を供託する)

4. 사법　259

= 보증금을 공탁하다

☐ きょうせいしっこう(強制執行) = 강제 집행
☐ こうむしっこう(公務執行) = 공무 집행

☐ あけわたす(明渡す) = 내주다 ; 명도하다
☐ いえをあけわたす(家を明渡す) = 집을 명도하다

☐ とくそくじょうをだす(督促状を出す) = 독촉장을 내다
☐ ぜいきんのとくそくじょう(税金の督促状) = 세금의 독촉장

❿ 채권, 채무, 공증, 등록, 등기 등 재산의 권리관계에 관한 용어

▶ さいけん(債権) = 채권
▶ さいむ(債務) = 채무
▶ こうしょう(公証) = 공증
▶ とうろく(登録) = 등록
▶ とうき(登記) = 등기

☐ さいけんのしょうめつ(債権の消滅) = 채권의 소멸

☐ さいけんとさいむ(債権と債務) = 채권과 채무

☐ こうしょうぶんしょ(公証文書) = 공증 문서
☐ こうしょうにんやくば(公証人役場) = 공증인 사무소

☐ いんかんとうろく(印鑑登録) = 인감 등록
☐ がいこくじんとうろく(外国人登録) = 외국인 등록

☐ ほぞんとうき(保存登記) = 보존 등기
☐ まっしょうとうき(抹消登記) = 말소 등기

❶ 동산, 부동산, 담보, 감정, 양도, 양수 등 개인 재산과 관련한 용어

▶ どうさん(動産) = 동산
▶ ふどうさん(不動産) = 부동산
▶ たんぽ(担保) = 담보
▶ かんてい(鑑定) = 감정
▶ じょうと(譲渡) = 양도
▶ ゆずりうけ(譲受) = 양수

- □ どうさんていとう(動産抵当) = 동산 저당
- □ どうさんしんたく(動産信託) = 동산 신탁
- □ ふどうさんや(不動産屋) = 부동산 중개업자
- □ ふどうさんきょうばい(不動産競売) = 부동산 경매

- □ たんぽをとる(担保を取る) = 담보를 잡다
- □ たんぽをいれる(担保を入れる) = 담보를 넣다

- □ ひっせきかんてい(筆跡鑑定) = 필적 감정
- □ しもんかんてい(指紋鑑定) = 지문 감정

- □ けんりじょうと(権利譲渡) = 권리 양도
- □ はんけんじょうと(版権譲渡) = 판권 양도
- □ ゆずりうけにん(譲受人) = 피양도인

 **kotoba**

しほう(司法) = 사법
はんじ(判事) = 판사
けんさつ(検察) = 검찰
けんじ(検事) = 검사
けいさつ(警察) = 경찰
けいじ(刑事) = 형사
きかん(機関) = 기관
よしん(予審) = 예심
ばいせき(陪席) = 배석
そうちょう(総長) = 총장
ひみつ(秘密) = 비밀
しふく(私服) = 사복
けんぽう(憲法) = 헌법
ほうりつ(法律) = 법률
みんぽう(民法) = 민법
けいほう(刑法) = 형법

しょうほう(商法) = 상법
みんじ(民事) = 민사
ほうあん(法案) = 법안
ようご(擁護) = 옹호
そうそく(総則) = 총칙
ようぎ(要義) = 요의
そしょう(訴訟) = 소송
ていそ(提訴) = 제소
こくそ(告訴) = 고소
きそ(起訴) = 기소
こうそ(控訴) = 항소
こうこく(抗告) = 항고
とりさげ(取下げ) = 취하
ゆうよ(猶予) = 유예
きゃく(棄却) = 기각
ついか(追加) = 추가

 **kotoba**

げんこく(原告) = 원고
ひこく(被告) = 피고
てはい(手配) = 수배
こうりゅう(拘留) = 구류
こういん(拘引) = 구인
ばっきん(罰金) = 벌금
りゅうち(留置) = 유치
みもと(身元) = 신원
みがら(身柄) = 신병
きょうじゅつ(供述) = 공술
とりしらべ(取調) = 문초
ほしょうにん(保証人) = 보증인
しゃくほう(釈放) = 석방
ちょうしょ(調書) = 조서
じんもん(尋問) = 신문
しょうにん(証人) = 증인

おうしゅう(押収) = 압수
ようぎしゃ(容疑者) = 용의자
そっけつ(即決) = 즉결
そうち(送致) = 송치
きゅうけい(求刑) = 구형
うったえ(訴え) = 소송
しょぶん(処分) = 처분
じはく(自白) = 자백
きんこ(禁固) = 금고
れいじょう(令状) = 영장
きゃっか(却下) = 각하
ほしゃく(保釈) = 보석
べんご(弁護) = 변호
こうはん(公判) = 공판
こうそく(拘束) = 구속
せいがん(請願) = 청원

 **kotoba**

じょうこく(上告) = 상고
ほしゃく(保釈) = 보석
せいきゅう(請求) = 청구
こもん(顧問) = 고문
かんせん(官選) = 국선
けっしん(結審) = 결심
しゅってい(出廷) = 출정
しんり(審理) = 심리
しんぱん(審判) = 심판
はんけつ(判決) = 판결
けんぽう(憲法) = 헌법
しゅってい(出廷) = 출정
しゅうちゅう(集中) = 집중
だんがい(弾劾) = 탄핵
とっきょ(特許) = 특허
いっしん(一審) = 일심

そうたつ(送達) = 송달
おうりゅう(押留) = 압류
きょうたく(供託) = 공탁
しっこう(執行) = 집행
あけわたし(明渡し) = 명도
とくそく(督促) = 독촉
こうじ(公示) = 공시
けってい(決定) = 결정
ざいさん(財産) = 재산
せんぱく(船舶) = 선박
きょうたく(供託) = 공탁
きょうせい(強制) = 강제
こうむ(公務) = 공무
ぜいきん(税金) = 세금
さいけん(債権) = 채권
さいむ(債務) = 채무

 **kotoba**

こうしょう(公証) = 공증
とうろく(登録) = 등록
とうき(登記) = 등기
しょうめつ(消滅) = 소멸
やくば(役場) = 사무소
いんかん(印鑑) = 인감
ほぞん(保存) = 보존
まっしょう(抹消) = 말소
どうさん(動産) = 동산
たんぽ(担保) = 담보
かんてい(鑑定) = 감정

じょうと(譲渡) = 양도
ゆずりうけ(譲受) = 양수
ていとう(抵当) = 저당
しんたく(信託) = 신탁
きょうばい(競売) = 경매
ひっせき(筆跡) = 필적
しもん(指紋) = 지문
けんり(権利) = 권리
はんけん(版権) = 판권
ゆずりうけにん(譲受人)
 = 피양도인

しく(敷く) = 깔다
ふみきる(踏み切る) = 단행하다
かする(科する) = 부과하다
なげこむ(投げ込む) = 처넣다

はっする(発する) = 발부하다
ふする(付する) = 회부하다
すすめる(進める) = 진행하다
あけわたす(明渡す) = 내주다

5. 경제 · 경영

❶ 자본, 자금, 생산, 과잉, 공황, 독점 등 경제 이론에 관련된 개념 및 용어

▶ しほん(資本) = 자본
▶ しきん(資金) = 자금
▶ せいさん(生産) = 생산
▶ かじょう(過剰) = 과잉
▶ きょうこう(恐慌) = 공황
▶ どくせん(独占) = 독점

☐ にっけいしほん(日系資本) = 일본계 자본
☐ ばいべんしほん(買弁資本) = 매판 자본

- ☐ しきんがれ(資金枯れ) = 자금 고갈
- ☐ しきんぐり(資金繰り) = 자금 융통

- ☐ せいさんだか(生産高) = 생산고
- ☐ きそせいさん(基礎生産) = 기초 생산

- ☐ せいさんかじょう(生産過剰) = 생산 과잉
- ☐ きょうきゅうかじょう(供給過剰) = 공급 과잉

- ☐ きんゆうきょうこう(金融恐慌) = 금융 공황
- ☐ だいきょうこうをまきおこす(大恐慌を巻起こす)
   = 대공황을 야기하다

- ☐ どくせんしほんのしゅうだつ(独占資本の収奪) = 독점자본의 수탈
- ☐ りえきをどくせんする(利益を独占する) = 이익을 독점하다

❷ 경기, 수입, 수출, 소비, 긴축, 복지 등 국가 경제에 관련된 용어

▶ けいき(景気) = 경기
▶ ゆにゅう(輸入) = 수입

▶ ゆしゅつ(輸出) = 수출

▶ しょうひ(消費) = 소비

▶ きんしゅく(緊縮) = 긴축

▶ ふくし(福祉) = 복지

□ けいきげらく(景気下落) = 경기 하락

□ けいきていめい(景気低迷) = 경기 침체

□ ゆにゅうかいほう(輸入開放) = 수입 개방

□ ゆにゅうきせい(輸入規制) = 수입 규제

□ やすねゆしゅつ(安値輸出) = 염가 수출

□ ゆしゅつしんこくしょ(輸出申告書) = 수출신고서

□ しょうひせいこう(消費性向) = 소비 성향

□ しょうひせつやく(消費節約) = 소비 절약

□ きんしゅくざいせい(緊縮財政) = 긴축 재정

□ きんしゅくよさん(緊縮予算) = 긴축 예산

□ ろうじんふくし(老人福祉) = 노인 복지

□ ふくししせつ(福祉施設) = 복지 시설

5. 경제·경영 269

❸ 대부, 대금, 이윤, 이식, 이자, 부도 등 은행에 관련된 용어(1)

▶ かしつけ(貸付) = 대부
▶ かしきん(貸金) = 대금
▶ りじゅん(利潤) = 이윤
▶ りそく(利息) = 이식
▶ りし(利子) = 이자
▶ ふわたり(不渡) = 부도

□ かしつけしんたく(貸付信託) = 대부 신탁
□ きんせんかしつけぎょう(金銭貸付業) = 금전 대부업

□ かしきんかいしゅう(貸金回収) = 대금 회수
□ かしきんへんさい(貸金返済) = 대금 상환

□ りじゅんのついきゅう(利潤の追求) = 이윤의 추구
□ りじゅんさいだいか(利潤最大化) = 이윤 극대화

□ ほうていりそく(法定利息) = 법정 이자
□ りそくせいげんほう(利息制限法) = 이자 제한법

□ えんたいりし(延滞利子) = 연체 이자

☐ みばらいりし(未払利子) = 미지급 이자

☐ ふわたりてがた(不渡り手形) = 부도 어음
☐ ふわたりこぎって(不渡小切手) = 부도 수표

❹ 금융, 예입, 예치, 신탁, 차입, 잔고 등 은행에 관련된 용어(2)

▶ きんゆう(金融) = 금융
▶ あずけいれ(預入) = 예입
▶ あずけおく(預け置く) = 맡겨두다
▶ しんたく(信託) = 신탁
▶ かりいれ(借入) = 차입
▶ ざんだか(残高) = 잔고

☐ きんゆうきき(金融危機) = 금융위기
☐ きんゆうこうそく(金融梗塞) = 금융경색

☐ あずけいれる(預け入れる) = (은행에 돈을) 맡기다 ; 예입하다
☐ あずけいれきん(預入金) = 예입금

☐ しんたくかいしゃ(信託会社) = 신탁 회사
☐ ざいさんのしんたく(財産の信託) = 재산의 신탁

☐ かりいれきんかんじょう(借入金勘定) = 차입금 계정
☐ たんきかりいれきん(短期借入金) = 단기 차입금

☐ よきんざんだか(預金残高) = 예금 잔고
☐ ざんだかしょうごう(残高照合) = 잔고 대조

❺ 채권, 기채, 국채, 공채, 증권, 보합 등 채권 및 증권에 관련된 용어

▶ さいけん(債権) = 채권
▶ きさい(起債) = 기채
▶ こくさい(国債) = 국채
▶ こうさい(公債) = 공채
▶ しょうけん(証券) = 증권
▶ たもちあい(保ち合い) = 보합 ; 시세가 변동이 없음

☐ ふりょうさいけん(不良債権) = 부실 채권
☐ こうえきさいけん(公益債権) = 공익 채권

☐ きさいしじょう(起債市場) = 기채 시장

☐ こうさいをきさいする(公債を起債する) = 공채를 기채하다

☐ こくさいをはっこうする(国債を発行する) = 국채를 발행하다

☐ こくさいほうしょううんどう(国債報償運動) = 국채보상 운동

☐ あかじこうさい(赤字公債) = 적자 공채

☐ こうさいしょうしょ(公債証書) = 공채 증서

❻ 주식, 주주, 주가, 지분, 배당, 매도 등 주식에 관련된 용어

▶ かぶしき(株式) = 주식

▶ かぶぬし(株主) = 주주

▶ かぶか(株価) = 주가

▶ もちぶん(持分) = 지분

▶ はいとう(配当) = 배당

▶ うりわたし(売渡) = 매도

☐ かぶしきそうば(株式相場) = 주식 시세

☐ かぶしきめいがら(株式銘柄) = 주식 종목

- □ ひっとうかぶぬし(筆頭株主) = 최대 주주
- □ かぶぬしそうかい(株主総会) = 주주 총회

- □ かぶかしすう(株価指数) = 주가 지수
- □ かぶかのげらく(株価の下落) = 주가의 하락

- □ もちぶんけん(持分権) = 지분권
- □ じぶんのもちぶん(自分の持分) = 자기의 몫

- □ はいとうをおこなう(配当を行う) = 배당하다
- □ ついかはいとう(追加配当) = 추가 배당

- □ うりわたしけいやく(売渡契約) = 매도 계약
- □ うりわたししょう(売渡証) = 매도 증서

❼ 수요, 공급, 교환, 절상, 절하, 시장, 매기 등 화폐와 시장에 관련된 용어

- ▶ じゅよう(需要) = 수요
- ▶ きょうきゅう(供給) = 공급

- ▶ こうかん(交換) = 교환
- ▶ きりあげ(切上) = 절상
- ▶ きりさげ(切下) = 절하
- ▶ しじょう(市場) = 시장
- ▶ かいき(買気) = 매기 ; 살 생각 ↔ うりき(売気) 매기 ; 팔려는 기미

- ☐ せんざいじゅよう(潜在需要) = 잠재 수요
- ☐ かりじゅようしゃ(仮需要者) = 가수요자

- ☐ きょうきゅうかた(供給過多) = 공급 과다
- ☐ きょうきゅうけいやく(供給契約) = 공급 계약

- ☐ こうかんかち(交換価値) = 교환 가치
- ☐ こうかんひりつ(交換比率) = 교환 비율

- ☐ ひょうかきりあげ(評価切上) = 평가 절상
- ☐ えんきりさげ(円切下) = 엔화 평가 절하

- ☐ しじょうかかく(市場価格) = 시장 가격
- ☐ しじょうけいざい(市場経済) = 시장 경제
- ☐ かいきがない(買気がない) = 매기가 없다

❽ 장부, 부기, 기장, 적자, 소득, 지불, 수지 등 회계에 관련된 용어

▶ ちょうぼ(帳簿) = 장부
▶ ぼき(簿記) = 부기
▶ きちょう(記帳) = 기장
▶ あかじ(赤字) = 적자
▶ しょとく(所得) = 소득
▶ しはらい(支払) = 지불 ; 지급
▶ しゅうし(収支) = 수지

□ にじゅうちょうぼ(二重帳簿) = 이중 장부
□ ちょうぼのつけかた(帳簿の付け方) = 장부 기장법

□ たんしきぼき(単式簿記) = 단식 부기
□ ふくしきぼき(複式簿記) = 복식 부기

□ きちょうをすます(記帳を済ます) = 기장을 끝내다
□ きちょうをもらす(記帳を漏らす) = 기장을 빠뜨리다

□ あかじろせん(赤字路線) = 적자 노선
□ あかじざいせい(赤字財政) = 적자 재정

☐ じょうとしょとく(譲渡所得) = 양도 소득
☐ たいしょくしょとく(退職所得) = 퇴직 소득

☐ しはらいほしょう(支払保証) = 지급 보증
☐ しはらいていし(支払停止) = 지급 정지

☐ けいじょうしゅうし(経常収支) = 경상 수지
☐ しゅうしけっさん(収支決算) = 수지 결산

❾ 매입, 매출, 매상, 매진, 매절, 선불, 수불 등 거래에 관련된 용어

▶ かいいれ(買入) = 매입
▶ うりだし(売出) = 매출
▶ うりあげ(売上) = 매상
▶ うりつくし(売尽し) = 매진
▶ うりきり(売切り) = 매절
▶ さきばらい(先払) = 선불

☐ かいいれげんか(買入原価) = 매입 원가
☐ かいいれねだん(買入値段) = 매입 가격

□ うりだしのしょうひん(売出しの商品) = 팔기 시작한 상품
□ さいまつおおうりだし(歳末大売出し) = 연말 대매출

□ うりあげだか(売上高) = 매상고
□ うりあげそうだか(売上総高) = 매출 총액

□ ざいこをうりつくす(在庫を売尽す) = 재고를 전부 팔아버리다
□ もとねをきってうる(元値を切って売る) = 원가 이하로 팔다
□ だいきんをさきばらいにする(代金を先払にする)
  = 대금을 선불로 치르다

❿ 상점, 매물, 매장, 소매, 상품, 상표, 매주 등 일반 상거래에 관련된 용어

▶ しょうてん(商店) = 상점
▶ うりもの(売物) = 매물
▶ うりば(売場) = 매장
▶ こうり(小売) = 소매
▶ しょうひん(商品) = 상품
▶ しょうひょう(商標) = 상표

▶ うりぬし(売主) = 판매자
▶ かいぬし(買主) = 매수자

□ しょうてんがたちならぶ(商店が立ち並ぶ) = 상점이 늘어서다
□ ちゅうしんがいのしょうてん(中心街の商店) = 중심가의 상점

□ これはうりものではない(これは売物ではない)
　　= 이것은 매물이 아니다
□ きっぷうりば(切符売場) = 매표소

□ こうりしょうにん(小売商人) = 소매 상인
□ こうりかかく(小売価格) = 소매 가격

□ しょうひんもくろく(商品目録) = 상품 목록
□ めだましょうひん(目玉商品) = 인기 상품

□ とうろくしょうひょう(登録商標) = 등록 상표
□ しょうひょうけんしんがい(商標権侵害) = 상표권 침해

□ ひようはうりぬしのふたん(費用は売主の負担)
　　= 비용은 판매자 부담
□ かいぬしにのうひんするしなもの(買主に納品する品物)

= 매수자에게 납품할 물품

⓫ 법인, 본사, 상사, 재벌, 기업, 적립 등 회사와 관련된 용어

▶ ほうじん(法人) = 법인
▶ ほんしゃ(本社) = 본사
▶ しょうしゃ(商社) = 상사
▶ ざいばつ(財閥) = 재벌
▶ きぎょう(企業) = 기업
▶ つみたて(積立) = 적립

□ がっこうほうじん(学校法人) = 학교 법인
□ ざいだんほうじん(財団法人) = 재단 법인

□ ほんしゃからのしれい(本社からの指令) = 본사로부터의 지령
□ ほんしゃによびもどされる(本社に呼び戻される)
   = 본사로 소환되다

□ そうごうしょうしゃ(総合商社) = 종합 상사
□ おおてしょうしゃ(大手商社) = 대기업 상사

□ しんこうざいばつ(新興財閥) = 신흥 재벌
□ ざいばつそうすい(財閥総帥) = 재벌 총수

□ おやきぎょう(親企業) = 모기업
□ こうえいきぎょう(公営企業) = 공영 기업

❶❷ 농민, 농산물, 농작물, 농장, 농학, 지주, 소작 등 농업과 관련된 용어

▶ のうみん(農民) = 농민
▶ のうさんぶつ(農産物) = 농산물
▶ のうさくぶつ(農作物) = 농작물
▶ のうじょう(農場) = 농장
▶ のうがく(農学) = 농학
▶ じぬし(地主) = 지주
▶ こさく(小作) = 소작

□ のうみんとぎょみん(農民と漁民) = 농민과 어민
□ のうみんほうき(農民蜂起) = 농민 봉기

5. 경제·경영 281

- □ よじょうのうさんぶつ(余剰農産物) = 잉여 농산물
- □ のうさんぶつにとむ(農産物に富む) = 농산물이 풍부하다
- □ のうさくぶつのぞうしゅう(農作物の増収) = 농작물의 증수

- □ どうぶつのうじょう(動物農場) = 동물 농장
- □ すいこうのうじょう(水耕農場) = 수경 농장
- □ のうがくをおさめる(農学を修める) = 농학을 배우다

- □ じぬしかいきゅう(地主階級) = 지주 계급
- □ こさくそうぎ(小作争議) = 소작 쟁의

 **kotoba**

しほん(資本) = 자본
しきん(資金) = 자금
せいさん(生産) = 생산
かじょう(過剰) = 과잉
きょうこう(恐慌) = 공황
どくせん(独占) = 독점
せいさんだか(生産高) = 생산고
きんゆう(金融) = 금융
きょうきゅう(供給) = 공급
しゅうだつ(収奪) = 수탈
けいき(景気) = 경기
しょうひ(消費) = 소비
りえき(利益) = 이익
ゆにゅう(輸入) = 수입
ゆしゅつ(輸出) = 수출
しょうひ(消費) = 소비

きんしゅく(緊縮) = 긴축
ふくし(福祉) = 복지
げらく(下落) = 하락
ていめい(低迷) = 침체
かいほう(開放) = 개방
きせい(規制) = 규제
やすね(安値) = 염가
せいこう(性向) = 성향
せつやく(節約) = 절약
ざいせい(財政) = 재정
よさん(予算) = 예산
かしつけ(貸付) = 대부
かしきん(貸金) = 대금
りじゅん(利潤) = 이윤
りそく(利息) = 이식
ふわたり(不渡) = 부도

 **kotoba**

りし(利子) = 이자
しんたく(信託) = 신탁
かいしゅう(回収) = 회수
へんさい(返済) = 상환
ついきゅう(追求) = 추구
せいげん(制限) = 제한
えんたい(延滞) = 연체
みばらい(未払) = 미지급
てがた(手形) = 어음
こぎって(小切手) = 수표
きんゆう(金融) = 금융
あずけいれ(預入) = 예입
かりいれ(借入) = 차입
ざんだか(残高) = 잔고
かんじょう(勘定) = 계산
しょうごう(照合) = 대조

きさい(起債) = 기채
たもちあい(保ち合い) = 보합
こうえき(公益) = 공익
ほうしょう(報償) = 보상
しょうしょ(証書) = 증서
かぶぬし(株主) = 주주
かぶか(株価) = 주가
もちぶん(持分) = 지분
はいとう(配当) = 배당
うりわたし(売渡) = 매도
そうば(相場) = 시세
めいがら(銘柄) = 종목
ひっとう(筆頭) = 필두
そうかい(総会) = 총회
しすう(指数) = 지수
けいやく(契約) = 계약

 **kotoba**

じゅよう(需要) = 수요
きょうきゅう(供給) = 공급
こうかん(交換) = 교환
きりあげ(切上) = 절상
きりさげ(切下) = 절하
かいき(買気) = 매기
せんざい(潜在) = 잠재
ひりつ(比率) = 비율
ちょうぼ(帳簿) = 장부
きちょう(記帳) = 기장
あかじ(赤字) = 적자
しはらい(支払) = 지급
ふくしき(複式) = 복식
かいいれ(買入) = 매입
うりだし(売出) = 매출
うりあげ(売上) = 매상

うりつくし(売尽し) = 매진
うりきり(売切り) = 매절
さきばらい(先払) = 선불
さいまつ(歳末) = 연말
うりあげだか(売上高) = 매상고
ざいこ(在庫) = 재고
もとね(元値) = 원가
ねだん(値段) = 가격
うりもの(売物) = 매물
うりば(売場) = 매장
こうり(小売) = 소매
しょうひょう(商標) = 상표
うりぬし(売主) = 판매자
かいぬし(買主) = 매수자
もくろく(目録) = 목록
とうろく(登録) = 등록

 **kotoba**

しんがい(侵害) = 침해
ひよう(費用) = 비용
ふたん(負担) = 부담
のうひん(納品) = 납품
しなもの(品物) = 물품
ほうじん(法人) = 법인
ほんしゃ(本社) = 본사
しょうしゃ(商社) = 상사
きぎょう(企業) = 기업
つみたて(積立) = 적립

しれい(指令) = 지령
おやきぎょう(親企業) = 모기업
のうさん(農産) = 농산
じぬし(地主) = 지주
こさく(小作) = 소작
ぎょみん(漁民) = 어민
よじょう(余剰) = 잉여
ぞうしゅう(増収) = 증수
すいこう(水耕) = 수경
かいきゅう(階級) = 계급

かれる(枯れる) = 시들다
くる(繰る) = 감다
まきおこす(巻起こす) = 야기하다
おこなう(行う) = 행하다

すます(済ます) = 끝내다
もらす(漏らす) = 빠뜨리다
たちならぶ(立ち並ぶ) = 늘어서다
とむ(富む) = 풍부하다

6

과학

❶ 물질, 성분, 입자, 원자, 관측, 실험 등 과학의 기본 개념에 관련된 어휘

▶ ぶっしつ(物質) = 물질
▶ せいぶん(成分) = 성분
▶ りゅうし(粒子) = 입자
▶ げんし(原子) = 원자
▶ かんそく(観測) = 관측
▶ じっけん(実験) = 실험

☐ かねんぶっしつ(可燃物質) = 가연 물질
☐ ゆうどくぶっしつ(有毒物質) = 유독 물질

- □ ゆうこうせいぶん(有効成分) = 유효 성분
- □ くすりのせいぶん(薬の成分) = 약의 성분

- □ そりゅうし(素粒子) = 소립자
- □ びりゅうしげんぞう(微粒子現像) = 미립자 현상

- □ げんしりょくはってん(原子力発展) = 원자력 발전
- □ げんしかくぶんれつ(原子核分裂) = 원자핵 분열

- □ きしょうかんそく(気象観測) = 기상 관측
- □ いどかんそく(緯度観測) = 위도 관측

- □ じんたいじっけん(人体実験) = 인체 실험
- □ げんばくじっけん(原爆実験) = 원폭 실험

❷ 기체, 고체, 액체, 유체, 도체, 반도체, 유기물 등 물질의 속성에 관련된 어휘

▶ きたい(気体) = 기체
▶ こたい(固体) = 고체

▶ えきたい(液体) = 액체

▶ りゅうたい(流体) = 유체

▶ どうたい(導体) = 도체

▶ はんどうたい(半導体) = 반도체

▶ むき(無機) = 무기

▶ ゆうき(有機) = 유기

□ きたいぶつりがく(気体物理学) = 기체 물리학

□ むしょくむしゅうのきたい(無色無臭の気体) = 무색무취의 기체

□ こたいねんりょう(固体燃料) = 고체 연료

□ こおりはこたいのみず(氷は固体の水) = 얼음은 고체의 물

□ えきたいひりょう(液体肥料) = 액체 비료

□ えきたいはみがき(液体歯磨き) = 액상 치약

□ りゅうたいりきがく(流体力学) = 유체 역학

□ ねんせいりゅうたい(粘性流体) = 점성 유체

□ かんぜんどうたい(完全導体) = 완전 도체

□ はんどうたいこうがく(半導体工学) = 반도체 공학

□ むきかごうぶつ(無機化合物) = 무기 화합물
□ ゆうきてきけつごう(有機的結合) = 유기적 결합

❸ 성좌, 신성, 초신성, 유성, 태양계, 광년, 광도 등 우주에 관련된 어휘

▶ せいざ(星座) = 성좌
▶ しんせい(新星) = 신성
▶ ちょうしんせい(超新星) = 초신성
▶ りゅうせい(流星) = 유성
▶ たいようけい(太陽系) = 태양계
▶ こうねん(光年) = 광년
▶ こうど(光度) = 광도

□ オリオンせいざ(オリオン星座) = 오리온 성좌
□ せいざはやみ(星座早見) = 별자리 일람도

□ しんせいをはっけんする(新星を発見する) = 새 별을 발견하다
□ ちょうしんせいざんがい(超新星残骸) = 초신성 잔해

- □ りゅうせいう(流星雨) = 별똥 비
- □ じんこうりゅうせい(人工流星) = 인공 유성

- □ たいようけいのけいせい(太陽系の形成) = 태양계의 형성
- □ たいようけいがいわくせい(太陽系外惑星) = 태양계 외행성

- □ ごまんこうねん(五万光年) = 5만 광년
- □ ほしのこうど(星の光度) = 별의 광도

❹ 음파, 단파, 초단파, 광선, 적외선, 자외선, 촉광 등 소리와 빛에 관련된 어휘

- ▶ おんぱ(音波) = 음파
- ▶ ちょうおんぱ(超音波) = 초음파
- ▶ たんぱ(短波) = 단파
- ▶ ちょうたんぱ(超短波) = 초단파
- ▶ こうせん(光線) = 광선
- ▶ せきがいせん(赤外線) = 적외선
- ▶ しがいせん(紫外線) = 자외선
- ▶ しょっこう(燭光) = 촉광

□ おんぱたんさ(音波探査) = 음파 탐사
□ ちょうおんぱそくしんき(超音波測深機) = 초음파 측심기

□ たんぱほうそう(短波放送) = 단파 방송
□ ちょうたんぱじゅしんき(超短波受信機) = 초단파 수신기

□ ちょくしゃこうせん(直射光線) = 직사 광선
□ はんしゃこうせん(反射光線) = 반사 광선

□ せきがいせんりょうほう(赤外線療法) = 적외선 요법
□ しがいせんしゃしん(紫外線写真) = 자외선 사진

□ ひょうじゅんしょっこう(標準燭光) = 표준 촉광
□ どすうのたかいしょっこう(度数の高い燭光) = 도수가 높은 촉광

❺ 한류, 난류, 대기, 계절풍, 극광, 백야 등 지구의 자연 현상에 관련된 어휘

▶ かんりゅう(寒流) = 한류
▶ だんりゅう(暖流) = 난류

- ▶ たいき(大気) = 대기
- ▶ きせつふう(季節風) = 계절풍
- ▶ きょっこう(極光) = 극광
- ▶ はくや(白夜) = 백야

- □ かんりゅうがながれる(寒流が流れる) = 한류가 흐르다
- □ かんりゅうとだんりゅうがかいするところ(寒流と暖流が会するところ) = 한류와 난류가 합쳐지는 곳

- □ たいきじゅんかん(大気循環) = 대기 순환
- □ たいきおせん(大気汚染) = 대기 오염

- □ ほくせいのきせつふう(北西の季節風) = 북서의 계절풍
- □ きせつふうきこう(季節風気候) = 계절풍 기후

- □ ほっきょっこうとなんきょっこう(北極光と南極光) = 북극광과 남극광
- □ 24じかんあかるいはくや(24時間明るい白夜) = 24시간 밝은 백야

❻ 대칭, 비율, 면적, 대각선, 미분, 적분, 방정식, 미지수 등
  수학과 관련된 어휘

▶ たいしょう(対称) = 대칭
▶ ひりつ(比率) = 비율
▶ めんせき(面積) = 면적
▶ びぶん(微分) = 미분
▶ せきぶん(積分) = 적분
▶ たいかくせん(対角線) = 대각선
▶ みちすう(未知数) = 미지수
▶ ほうていしき(方程式) = 방정식

□ さゆうたいしょう(左右対称) = 좌우 대칭
□ へいめんたいしょう(平面対称) = 평면 대칭

□ おうごんひりつ(黄金比率) = 황금 비율
□ こうかんひりつ(交換比率) = 교환 비율

□ たんいめんせき(単位面積) = 단위 면적
□ さいばいめんせき(栽培面積) = 재배 면적

□ びぶんきかがく(微分幾何学) = 미분 기하학

☐ ふていせきぶん(不定積分) = 부정 적분

☐ ひしがたのたいかくせん(菱形の対角線) = 마름모꼴의 대각선
☐ みちすうをxとする(未知数をxとする) = 미지수를 X로 하다

☐ れんりつほうていしき(連立方程式) = 연립 방정식
☐ こうじほうていしき(高次方程式) = 고차 방정식

❼ 자기, 자장, 양극, 음극, 대전 등 전기 현상과 관련된 어휘

▶ じき(磁気) = 자기
▶ じば(磁場) = 자기장
▶ ようきょく(陽極) = 양극
▶ いんきょく(陰極) = 음극
▶ たいでん(帯電) = 대전

☐ じきをおびる(磁気を帯びる) = 자기를 띠다
☐ じきふじょうしきてつどう(磁気浮上式鉄道) = 자기부상식 철도

☐ かんじょうじば(環状磁場) = 환상 자기장

□ たいようじば(太陽磁場) = 태양의 자기장

□ ようきょくでんりゅう(陽極電流) = 양극 전류
□ ようきょくていこう(陽極抵抗) = 양극 저항

□ いんきょくけつごう(陰極結合) = 음극 결합
□ いんきょくかん(陰極管) = 음극관

□ たいでんたい(帯電体) = 대전체
□ たいでんぼうし(帯電防止) = 대전 방지

❽ 물리, 공전, 관성, 속력, 동력, 수압, 가속도 등 물리 작용과 관련된 어휘

▶ ぶつり(物理) = 물리
▶ くうてん(空転) = 공전
▶ かんせい(慣性) = 관성
▶ そくりょく(速力) = 속력
▶ どうりょく(動力) = 동력
▶ すいあつ(水圧) = 수압

▶ かそくど(加速度) = 가속도

□ ぶつりげんしょう(物理現象) = 물리 현상
□ きたいぶつりがく(気体物理学) = 기체 물리학

□ しゃりんがくうてんする(車輪が空転する) = 바퀴가 헛돌다
□ はなしがくうてんする(話が空転する) = 이야기가 겉돌다

□ かんせいのほうそく(慣性の法則) = 관성의 법칙
□ かんせいこうか(慣性効果) = 관성 효과

□ せいげんそくりょく(制限速力) = 제한 속력
□ さいだいそくりょく(最大速力) = 최대 속력

□ どうりょくしげん(動力資源) = 동력 자원
□ どうりょくへんしつ(動力変質) = 동력 변질

□ ちかすいあつ(地下水圧) = 지하 수압
□ すいあつきかん(水圧機関) = 수압 기관

□ へいきんかそくど(平均加速度) = 평균 가속도
□ しゅんかんかそくど(瞬間加速度) = 순간 가속도

❾ 미생물, 동화, 배자, 화분, 복제, 분해 등 생물 및 그 활동에 관련된 어휘

- ▶ どうか(同化) = 동화
- ▶ はいし(胚子) = 배자
- ▶ かふん(花粉) = 화분
- ▶ ふくせい(複製) = 복제
- ▶ ぶんかい(分解) = 분해
- ▶ びせいぶつ(微生物) = 미생물

☐ たんそどうか(炭素同化) = 탄소 동화
☐ ちっそどうか(窒素同化) = 질소 동화

☐ はいしきかん(胚子器官) = 배자 기관
☐ ふていはいしけいせい(不定胚子形成) = (육종학) 부정배 생식

☐ かふんかん(花粉管) = 꽃가루 관
☐ かふんしょう(花粉症) = 꽃가루 알레르기

☐ ふくせいひん(複製品) = 복제품
☐ いでんしふくせい(遺伝子複製) = 유전자 복제

□ でんきぶんかい(電気分解) = 전기 분해

□ くうちゅうぶんかい(空中分解) = 공중 분해

□ どじょうびせいぶつ(土壌微生物) = 토양 미생물

□ かいようびせいぶつ(海洋微生物) = 해양 미생물

❿ 원소, 불소, 수소, 탄소, 질소, 초산, 촉매 등 화학과 관련된 어휘

▶ げんそ(元素) = 원소

▶ ふっそ(弗素) = 불소

▶ すいそ(水素) = 수도

▶ たんそ(炭素) = 탄소

▶ ちっそ(窒素) = 질소

▶ しょうさん(硝酸) = 초산

▶ しょくばい(触媒) = 촉매

□ どういげんそ(同位元素) = 동위 원소

□ きんぞくげんそ(金属元素) = 금속 원소

□ ふっそじゅし(弗素樹脂) = 불소 수지

6. 과학 299

□ かさんかすいそ(過酸化水素) = 과산화 수소

□ たんそかごうぶつ(炭素化合物) = 탄소 화합물
□ さんかちっそ(酸化窒素) = 산화 질소

□ あしょうさん(亜硝酸) = 아질산
□ しょくばいさよう(触媒作用) = 촉매 작용

⓫ 온도, 섭씨, 화씨, 연소, 비점, 빙점, 용액, 기포 등 열과 물에 관련된 어휘

▶ おんど(温度) = 온도

▶ せっし(摂氏) = 섭씨

▶ かし(華氏) = 화씨

▶ ねんしょう(燃焼) = 연소

▶ ふってん(沸点) = 비점

▶ ひょうてん(氷点) = 빙점

▶ ようえき(溶液) = 용액

▶ きほう(気泡) = 기포

- □ たいかんおんど(体感温度) = 체감 온도
- □ ぜったいおんど(絶対温度) = 절대 온도

- □ せっしめもり(摂氏目盛) = 섭씨 눈금
- □ かしおんどけい(華氏温度計) = 화씨 온도계

- □ ねんしょうこうりつ(燃焼効率) = 연소 효율
- □ かんぜんねんしょう(完全燃焼) = 완전 연소

- □ ふってんにたっする(沸点に達する) = 끓는점에 도달하다
- □ ひょうてんかごど(氷点下五度) = 영하 5도

- □ りゅうさんようえき(硫酸溶液) = 황산 용액
- □ ふほうわようえき(不飽和溶液) = 불포화 용액

- □ きほうあつりょく(気泡圧力) = 기포 압력
- □ きほうしょうかき(気泡消火器) = 기포 소화기

❷ 금속, 비금속, 아연, 화석, 대리석, 수성암, 화성암 등 금속 및 광석에 관련된 어휘

▶ きんぞく(金属) = 금속

▶ ひきんぞく(非金属) = 비금속

▶ あえん(亜鉛) = 아연

▶ かせき(化石) = 화석

▶ だいりせき(大理石) = 대리석

▶ すいせいがん(水成岩) = 수성암

▶ かせいがん(火成岩) = 화성암

□ けいきんぞくとじゅうきんぞく(軽金属と重金属)
  = 경금속과 중금속
□ ひきんぞくこうぶつ(非金属鉱物) = 비금속 광물

□ あえんてっぱん(亜鉛鉄板) = 아연 철판
□ あえんぶきのやね(亜鉛ぶきの屋根) = 함석 지붕

□ かいのかせき(貝の化石) = 조개의 화석
□ どうぶつのかせき(動物の化石) = 동물의 화석

□ だいりせきのぶんり(大理石の文理) = 대리석의 결
□ すいせいがんとかせいがん(水成岩と火成岩) = 수성암과 화성암

 **kotoba**

りゅうし(粒子) = 입자
げんし(原子) = 원자
かんそく(観測) = 관측
じっけん(実験) = 실험
かねん(可燃) = 가연
ゆうどく(有毒) = 유독
ゆうこう(有効) = 유효
そりゅうし(素粒子) = 소립자
ぶんれつ(分裂) = 분열
きしょう(気象) = 기상
いど(緯度) = 위도
じんたい(人体) = 인체
げんばく(原爆) = 원폭
きたい(気体) = 기체
りゅうたい(流体) = 유체
はんどうたい(半導体) = 반도체

ねんりょう(燃料) = 연료
ひりょう(肥料) = 비료
りきがく(力学) = 역학
ねんせい(粘性) = 점성
こうがく(工学) = 공학
かごう(化合) = 화합
けつごう(結合) = 결합
せいざ(星座) = 성좌
しんせい(新星) = 신성
こうねん(光年) = 광년
りゅうせい(流星) = 유성
じんこう(人工) = 인공
わくせい(惑星) = 행성
こうせん(光線) = 광선
せきがいせん(赤外線) = 적외선
しがいせん(紫外線) = 자외선

 *kotoba*

しょっこう(燭光) = 촉광
じゅしん(受信) = 수신
ちょくしゃ(直射) = 직사
はんしゃ(反射) = 반사
りょうほう(療法) = 요법
ひょうじゅん(標準) = 표준
どすう(度数) = 도수
かんりゅう(寒流) = 한류
だんりゅう(暖流) = 난류
たいき(大気) = 대기
きょっこう(極光) = 극광
はくや(白夜) = 백야
じゅんかん(循環) = 순환
おせん(汚染) = 오염
きこう(気候) = 기후
ほっきょく(北極) = 북극

なんきょく(南極) = 남극
たいしょう(対称) = 대칭
ひりつ(比率) = 비율
めんせき(面積) = 면적
たいかく(対角) = 대각
みちすう(未知数) = 미지수
さゆう(左右) = 좌우
ほうていしき(方程式) = 방정식
こうかん(交換) = 교환
たんい(単位) = 단위
さいばい(栽培) = 재배
きかがく(幾何学) = 기하학
ひしがた(菱形) = 마름모꼴
れんりつ(連立) = 연립
じき(磁気) = 자기
じば(磁場) = 자기장

 ***kotoba***

ようきょく(陽極) = 양극
いんきょく(陰極) = 음극
たいでん(帯電) = 대전
ていこう(抵抗) = 저항
ぶつり(物理) = 물리
くうてん(空転) = 공전
かんせい(慣性) = 관성
そくりょく(速力) = 속력
どうりょく(動力) = 동력
すいあつ(水圧) = 수압
かそくど(加速度) = 가속도
げんしょう(現象) = 현상
ほうそく(法則) = 법칙
こうか(効果) = 효과
せいげん(制限) = 제한
しげん(資源) = 자원

へんしつ(変質) = 변질
へいきん(平均) = 평균
しゅんかん(瞬間) = 순간
どうか(同化) = 동화
はいし(胚子) = 배자
かふん(花粉) = 화분
ふくせい(複製) = 복제
ぶんかい(分解) = 분해
びせいぶつ(微生物) = 미생물
きかん(器官) = 기관
かふんしょう(花粉症)
 = 꽃가루 알레르기
ふくせい(複製) = 복제
いでん(遺伝) = 유전
どじょう(土壌) = 토양
かいよう(海洋) = 해양

 **kotoba**

すいそ(水素) = 수소

たんそ(炭素) = 탄소

ちっそ(窒素) = 질소

しょうさん(硝酸) = 초산

しょくばい(触媒) = 촉매

じゅし(樹脂) = 수지

さんか(酸化) = 산화

あしょうさん(亜硝酸) = 아질산

さよう(作用) = 작용

おんど(温度) = 온도

せっし(摂氏) = 섭씨

かし(華氏) = 화씨

ねんしょう(燃焼) = 연소

ふってん(沸点) = 비점

ひょうてん(氷点) = 빙점

ようえき(溶液) = 용액

きほう(気泡) = 기포

たいかん(体感) = 체감

ぜったい(絶対) = 절대

めもり(目盛) = 눈금

こうりつ(効率) = 효율

りゅうさん(硫酸) = 황산

ふほうわ(不飽和) = 불포화

あえん(亜鉛) = 아연

かせき(化石) = 화석

こうぶつ(鉱物) = 광물

てっぱん(鉄板) = 철판

ぶんり(文理) = 무늬

ながれる(流れる) = 흐르다

かいする(会する) = 합쳐지다

あかるい(明るい) = 밝다

たっする(達する) = 도달하다

공업 · 기술

❶ 공학, 공과, 단위, 기술, 기계, 시설, 내구성, 내화성 등 공업 일반에 관한 어휘

- ▶ こうがく(工学) = 공학
- ▶ こうか(工科) = 공과
- ▶ たんい(単位) = 단위
- ▶ ぎじゅつ(技術) = 기술
- ▶ きかい(機械) = 기계
- ▶ しせつ(施設) = 시설
- ▶ たいきゅうせい(耐久性) = 내구성
- ▶ たいかせい(耐火性) = 내화성

□ けんちくこうがく(建築工学) = 건축 공학
□ こうかだいがく(工科大学) = 공과 대학

□ たんいめんせき(単位面積) = 단위 면적
□ かへいたんい(貨幣単位) = 화폐 단위

□ ぞうせんぎじゅつ(造船技術) = 조선 기술
□ ぎじゅつばたけ(技術畑) = 기술 분야

□ こうさくきかい(工作機械) = 공작 기계
□ せいまいきかい(精米機械) = 정미 기계

□ こうわんしせつ(港湾施設) = 항만 시설
□ ぐんじしせつ(軍事施設) = 군사 시설

□ たいきゅうせいをそなえた(耐久性を備えた) = 내구성을 갖추었다
□ たいかせいがつよい(耐火性が強い) = 내화성이 강하다

❷ 경공업, 중공업, 공장, 모직, 모포, 섬유, 수지, 날염 등
  공업 관련 어휘

▶ けいこうぎょう(軽工業) = 경공업
▶ じゅうこうぎょう(重工業) = 중공업
▶ こうじょう(工場) = 공장
▶ けおり(毛織) = 모직
▶ なっせん(捺染) = 날염
▶ もうふ(毛布) = 모포
▶ せんい(繊維) = 섬유
▶ じゅし(樹脂) = 수지

□ けいこうぎょうちたい(軽工業地帯) = 경공업 지대
□ じゅうこうぎょうとし(重工業都市) = 중공업 도시

□ いものこうじょう(鋳物工場) = 주물 공장
□ こうじょうあとち(工場跡地) = 공장이 있던 자리

□ けおりもの(毛織物) = 모직물
□ いとなっせんき(糸捺染機) = 실 날염기

□ じゅんもうのもうふ(純毛の毛布) = 순모의 담요

7. 공업·기술 309

□ もうふをかぶせてやる(毛布を被せてやる) = 담요를 덮어주다

□ じんぞうせんい(人造繊維) = 인조 섬유
□ せんいせいひん(繊維製品) = 섬유 제품

□ ごうせいじゅし(合成樹脂) = 합성 수지
□ てんねんじゅし(天然樹脂) = 천연 수지

❸ 발전기, 변압기, 배전반, 고압선, 애자, 단말기, 누전 등 전기 관련 어휘

▶ はつでんき(発電機) = 발전기
▶ へんあつき(変圧器) = 변압기
▶ はいでんばん(配電盤) = 배전반
▶ がいし(碍子) = 애자
▶ こうあつせん(高圧線) = 고압선
▶ たんまつき(端末機) = 단말기
▶ ろうでん(漏電) = 누전

□ でんどうはつでんき(電動発電機) = 전동 발전기

□ こうしゅうははつでんき(高周波発電機) = 고주파 발전기

□ きれいへんあつき(気冷変圧器) = 공랭식 변압기
□ でんちゅうのへんあつき(電柱の変圧器) = 전주의 변압기

□ こがたはいでんばん(小型配電盤) = 소형 배전반
□ じきがいし(磁器碍子) = 자기 애자

□ こうあつせんのてっちゅう(高圧線の鉄柱) = 고압선의 철주
□ かていようたんまつき(家庭用端末機) = (컴퓨터) 가정용 단말기

□ ろうでんしゃだんき(漏電遮断機) = 누전 차단기
□ ろうでんによるかさい(漏電による火災) = 누전에 의한 화재

❹ 설계, 설비, 공작, 금형, 모형, 선반, 규격 등 기계 및 설비에 관련된 어휘

▶ せっけい(設計) = 설계
▶ せつび(設備) = 설비
▶ こうさく(工作) = 공작

- ▶ かながた(金型) = 금형
- ▶ せんばん(旋盤) = 선반
- ▶ もけい(模型) = 모형
- ▶ きかく(規格) = 규격

- □ けんちくせっけい(建築設計) = 건축 설계
- □ じんせいせっけい(人生設計) = 인생 설계

- □ うんぱんせつび(運搬設備) = 운반 설비
- □ ぼうさいせつび(防災設備) = 방재 설비

- □ こうさくきかい(工作機械) = 공작 기계
- □ せんのうこうさく(洗脳工作) = 세뇌 공작

- □ かながたさんぎょう(金型産業) = 금형 산업
- □ せんばんこう(旋盤工) = 선반공

- □ もけいひこうき(模型飛行機) = 모형 비행기
- □ じつぶつだいのもけい(実物大の模型) = 실물 크기의 모형

- □ きかくのひょうじゅんか(規格の標準化) = 규격의 표준화
- □ きかくはずれのしな(規格外れの品) = 규격에 맞지 않는 물건

❺ 광산, 광맥, 광석, 발파, 금속, 백금, 선철 등 광업에 관련된 어휘

▶ こうざん(鉱山) = 광산
▶ こうみゃく(鉱脈) = 광맥
▶ こうせき(鉱石) = 광석
▶ はっぱ(発破) = 발파
▶ きんぞく(金属) = 금속
▶ せんてつ(銑鉄) = 선철
▶ はっきん(白金) = 백금

□ どうのこうざん(銅の鉱山) = 구리 광산
□ こうみゃくがろしゅつしている(鉱脈が露出している)
 = 광맥이 노출되어 있다

□ こうせきをほりだす(鉱石を掘り出す) = 광석을 캐내다
□ こうせきをとかす(鉱石を溶かす) = 광석을 녹이다

□ はっぱてんかそうち(発破点火装置) = 발파 점화 장치
□ すいちゅうはっぱ(水中発破) = 수중 발파

□ けいきんぞくとじゅうきんぞく(軽金属と重金属)
 = 경금속과 중금속

☐ せんてつとこうてつ(銑鉄と鋼鉄) = 선철과 강철

☐ はっきんのゆびわ(白金の指輪) = 백금 반지
☐ はっきんしょくばい(白金触媒) = 백금 촉매

❻ 기차, 기관차, 기관사, 발동기, 마력, 연식 등 기차와 관련된 어휘

▶ きしゃ(汽車) = 기차
▶ きかんしゃ(機関車) = 기관차
▶ きかんし(機関士) = 기관사
▶ はつどうき(発動機) = 발동기
▶ ばりき(馬力) = 마력
▶ ねんしき(年式) = 연식

☐ きしゃのたび(汽車の旅) = 기차 여행
☐ よぎしゃ(夜汽車) = 밤 기차

☐ じょうききかんしゃ(蒸気機関車) = 증기 기관차
☐ こうくうきかんし(航空機関士) = 항공 기관사

- □ けいゆはつどうき(軽油発動機) = 경유 발동기
- □ でんどうはつどうき(電動発動機) = 전동 발전기

- □ ひゃくばりきのえんじん(100馬力のエンジン) = 100마력의 엔진
- □ ばりきがかかる(馬力が掛る) = 능률이 더 오르다

- □ ねんしきがふるい(年式が古い) = 연식이 낡았다
- □ さいしんねんしきのくるま(最新年式の車) = 최신 연식의 차

❼ 기선, 선미, 선적, 내륙, 선장, 선착장 등 기선과 관련된 어휘

- ▶ きせん(汽船) = 기선
- ▶ せんせき(船籍) = 선적
- ▶ せんび(船尾) = 선미
- ▶ せんちょう(船長) = 선장
- ▶ ふなつきば(船着場) = 선착장

- □ おおがたのきせん(大型の汽船) = 대형 기선
- □ ていききせん(定期汽船) = 정기 기선

7. 공업·기술 315

□ せんせきげんぼ(船籍原簿) = 선적 원부

□ せんせきふめい(船籍不明) = 선적 불명

□ せんちょうしつ(船長室) = 선장실

□ せんちょうみずからそうせんする(船長みずから操船する)
 = 선장이 배를 조종하다

□ せんびとう(船尾灯) = 선미등

□ ゆうらんせんふなつきば(遊覧船船着場) = 유람선 선착장

❽ 목공, 목재, 골조, 공사, 색소, 도금, 도료 등 건축 관련 어휘

▶ もっこう(木工) = 목공

▶ もくざい(木材) = 목재

▶ ほねぐみ(骨組) = 골조

▶ こうじ(工事) = 공사

▶ しきそ(色素) = 색소

▶ めっき(鍍金) = 도금

▶ とりょう(塗料) = 도료

- □ もっこうさいく(木工細工) = 나무 세공
- □ もくざいおきば(木材置場) = 목재 저장소

- □ たてもののほねぐみ(建物の骨組) = 건물의 골조
- □ ほねぐみができあがる(骨組が出来上がる) = 뼈대가 이루어지다

- □ かいしゅうこうじ(改修工事) = 개수 공사
- □ かくちょうこうじ(拡張工事) = 확장 공사

- □ じんこうしきそ(人工色素) = 인공 색소
- □ しょくようしきそ(食用色素) = 식용 색소

- □ ぎんめっきのさら(銀鍍金の皿) = 은도금 접시
- □ きんめっきがはげる(金鍍金が剥げる) = 금도금이 벗겨지다

- □ すいせいとりょう(水性塗料) = 수성 도료
- □ ゆせいとりょう(油性塗料) = 유성 도료

❾ 토목, 토건, 기공, 발주, 시공, 청부 등 토목 관련 어휘(1)

▶ どぼく(土木) = 토목
▶ どけん(土建) = 토건
▶ きこう(起工) = 기공
▶ はっちゅう(発注) = 발주
▶ しこう(施工) = 시공
▶ うけおい(請負) = 청부

□ どぼくこうがく(土木工学) = 토목 공학
□ どぼくこうじ(土木工事) = 토목 공사

□ どけんや(土建屋) = 토건업자
□ きこうしき(起工式) = 기공식

□ びひんのはっちゅう(備品の発注) = 비품의 발주
□ こうじをはっちゅうする(工事を発注する) = 공사를 발주하다

□ しこうけいかく(施工計画) = 시공 계획
□ げんばしこう(現場施工) = 현장 조립 방법

□ うけおいせいど(請負制度) = 도급제도

□ うけおいさつじん(請負殺人) = 청부 살인

❿ 기사, 골재, 성토, 굴삭기, 기중기 등 토목 관련 어휘(2)

▶ ぎし(技師) = 기사
▶ こつざい(骨材) = 골재
▶ もりつち(盛土) = 성토
▶ くっさくき(掘削機) = 굴삭기
▶ きじゅうき(起重機) = 기중기

□ そくりょうぎし(測量技師) = 측량 기사
□ でんきぎし(電気技師) = 전기 기사

□ けいりょうこつざい(軽量骨材) = 경량 골재
□ じゅうりょうこつざい(重量骨材) = 중량 골재

□ もりつちざいりょう(盛土材料) = 둑쌓기 재료
□ きょうかいもりつち(境界盛土) = 경계 둑

□ せきゆくっさく(石油掘削) = 석유 굴착

□ ゆせいくっさくき(油井掘削機) = 유정 굴착기

□ そうこうきじゅうき(走行起重機) = 이동 기중기
□ あんちきじゅうき(安置起重機) = 고정 기중기

 **kotoba**

こうがく(工学) = 공학

たいきゅうせい(耐久性) = 내구성

けんちく(建築) = 건축

ぞうせん(造船) = 조선

せいまい(精米) = 정미

こうわん(港湾) = 항만

ぐんじ(軍事) = 군사

けおり(毛織) = 모직

なっせん(捺染) = 날염

じゅし(樹脂) = 수지

いもの(鋳物) = 주물

じゅんもう(純毛) = 순모

じんぞう(人造) = 인조

はいでんばん(配電盤) = 배전반

たんまつき(端末機) = 단말기

ろうでん(漏電) = 누전

こうしゅうは(高周波) = 고주파

でんちゅう(電柱) = 전주

せっけい(設計) = 설계

かながた(金型) = 금형

もけい(模型) = 모형

ぼうさい(防災) = 방재

こうみゃく(鉱脈) = 광맥

こうてつ(鋼鉄) = 강철

しょくばい(触媒) = 촉매

ばりき(馬力) = 마력

ねんしき(年式) = 연식

じょうき(蒸気) = 증기

こうくう(航空) = 항공

けいゆ(軽油) = 경유

せんせき(船籍) = 선적

せんび(船尾) = 선미

ふなつきば(船着場) = 선착장

 **kotoba**

おおがた(大型) = 대형
げんぼ(原簿) = 원부
せんびとう(船尾灯) = 선미등
ほねぐみ(骨組) = 골조
しきそ(色素) = 색소
めっき(鍍金) = 도금
とりょう(塗料) = 도료
さいく(細工) = 세공
かいしゅう(改修) = 개수
どけん(土建) = 토건
きこう(起工) = 기공
はっちゅう(発注) = 발주

しこう(施工) = 시공
うけおい(請負) = 청부
どけんや(土建屋) = 토건업자
びひん(備品) = 비품
こつざい(骨材) = 골재
もりつち(盛土) = 성토
くっさくき(掘削機) = 굴삭기
きじゅうき(起重機) = 기중기
そくりょう(測量) = 측량
じゅうりょう(重量) = 중량
ゆせい(油井) = 유정
あんち(安置) = 안치

そなえる(備える) = 갖추다
かぶせる(被せる) = 뒤집어쓰다
はずれる(外れる) = 벗어나다
ほりだす(掘り出す) = 캐내다

とかす(溶かす) = 녹이다
そうせんする(操船する) = 배를 조종하다
はげる(剥げる) = 벗겨지다

8

의학

❶ 의학, 병원, 입원, 퇴원, 증상, 주사, 임상 등 의학의 일반 어휘

▶ いがく (医学) = 의학
▶ びょういん (病院) = 병원
▶ にゅういん (入院) = 입원
▶ たいいん (退院) = 퇴원
▶ しょうじょう (症状) = 증상
▶ ちゅうしゃ (注射) = 주사
▶ りんしょう (臨床) = 임상

☐ かていいがく (家庭医学) = 가정 의학
☐ せんたんいがく (先端医学) = 첨단 의학

- □ かちくびょういん(家畜病院) = 가축 병원
- □ ふうてんびょういん(瘋癲病院) = 정신 병원

- □ にゅういんかんじゃ(入院患者) = 입원 환자
- □ ぜんかいしてたいいんする(全快して退院する)
  = 완쾌해서 퇴원하다

- □ げんかくしょうじょう(幻覚症状) = 환각 증상
- □ きんだんしょうじょう(禁断症状) = 금단 증상

- □ てんてきちゅうしゃ(点滴注射) = 점적 주사
- □ ちゅうしゃをうつ(注射を打つ) = 주사를 놓다

- □ りんしょういがく(臨床医学) = 임상 의학
- □ りんしょうじっけん(臨床実験) = 임상 실험

❷ 보건, 위생, 세균, 검진, 면역, 노화 등 의학의 기본 어휘

▶ ほけん(保険) = 보험
▶ えいせい(衛生) = 위생

▶ さいきん(細菌) = 세균
▶ けんしん(検診) = 검진
▶ めんえき(免疫) = 면역
▶ ろうか(老化) = 노화

☐ たいじんほけん(対人保険) = 대인 보험
☐ たいぶつほけん(対物保険) = 대물 보험

☐ こうしゅうえいせい(公衆衛生) = 공중 위생
☐ こうくうえいせい(口腔衛生) = 구강 위생

☐ ちょうないさいきん(腸内細菌) = 장내 세균
☐ さいきんばいよう(細菌培養) = 세균 배양

☐ ていきけんしん(定期検診) = 정기 검진
☐ しゅうだんけんしん(集団検診) = 집단 검진

☐ めんえきはんのう(免疫反応) = 면역 반응
☐ めんえきりょうほう(免疫療法) = 면역 요법

☐ ろうかげんしょう(老化現象) = 노화 현상
☐ ろうかよくせい(老化抑制) = 노화 억제

❸ 소독, 살균, 간호, 붕대, 반창고 등 간호 업무 관련 어휘

▶ しょうどく(消毒) = 소독
▶ さっきん(殺菌) = 살균
▶ かんご(看護) = 간호
▶ ほうたい(繃帯) = 붕대
▶ ばんそうこう(絆創膏) = 반창고

□ にっこうしょうどく(日光消毒) = 일광 소독
□ しょうきゃくしょうどく(焼却消毒) = 소각 소독

□ ていおんさっきん(低温殺菌) = 저온 살균
□ かねつさっきん(加熱殺菌) = 가열 살균

□ みならいかんごふ(見習看護婦) = 수습 간호사
□ かんごふちょう(看護婦長) = 수간호사

□ ほうたいをまく(繃帯を巻く) = 붕대를 감다
□ ほうたいをとる(繃帯を取る) = 붕대를 풀다

□ ばんそうこうをはる(絆創膏を貼る) = 반창고를 붙이다
□ ばんそうこうをはがす(絆創膏を剥がす) = 반창고를 떼다

❹ 두개골, 관절, 연골, 좌골, 골절 등 정형외과 관련 어휘

▶ ずがいこつ(頭蓋骨) = 두개골
▶ かんせつ(関節) = 관절
▶ なんこつ(軟骨) = 연골
▶ ざこつ(座骨) = 좌골
▶ こっせつ(骨折) = 골절

☐ ずがいこつがんぼつ(頭蓋骨陥没) = 두개골 함몰
☐ ずがいこつこっせつ(頭蓋骨骨折) = 두개골 골절

☐ かんせつをくじく(関節を挫く) = 관절을 삐다
☐ かんせつがはずれる(関節が外れる) = 관절이 빠지다

☐ こうとうなんこつ(喉頭軟骨) = 후두 연골
☐ せきついかんなんこつ(脊椎間軟骨) = 척추간 연골
☐ ざこつしんけいつう(座骨神経痛) = 좌골 신경통

☐ あっぱくこっせつ(圧迫骨折) = 압박 골절
☐ はくりこっせつ(剝離骨折) = 박리 골절

❺ 위장, 십이지장, 췌장, 소장, 대장, 맹장 등 장기에 관련된 어휘

▶ いちょう(胃腸) = 위장
▶ じゅうにしちょう(十二指腸) = 십이지장
▶ すいぞう(膵臓) = 췌장
▶ しょうちょう(小腸) = 소장
▶ だいちょう(大腸) = 대장
▶ もうちょう(盲腸) = 맹장

□ いちょうしょうがい(胃腸障害) = 위장 장애
□ いちょうをがいする(胃腸を害する) = 위장을 해치다

□ じゅうにしちょうちゅう(十二指腸虫) = 십이지장충
□ すいぞうえし(膵臓壊死) = 췌장 괴사

□ うしのしょうちょう(牛の小腸) = 소의 곱창
□ だいちょうかびんしょう(大腸過敏症) = 대장 과민증

□ まんせいのもうちょうえん(慢性の盲腸炎) = 만성 맹장염
□ もうちょうのしゅじゅつ(盲腸の手術) = 맹장 수술

❻ 안구, 각막, 망막, 점막, 고막, 청력, 편도선, 갑상선 등
   이비인후과 관련 어휘

▶ がんきゅう(眼球) = 안구
▶ かくまく(角膜) = 각막
▶ もうまく(網膜) = 망막
▶ ねんまく(粘膜) = 점막
▶ こまく(鼓膜) = 고막
▶ ちょうりょく(聴力) = 청력
▶ へんとうせん(扁桃腺) = 편도선
▶ こうじょうせん(甲状腺) = 갑상선

□ がんきゅうのひぶんしょう(眼球の飛蚊症) = 안구의 비문증
□ がんきゅうをてきしゅつする(眼球を摘出する) = 안구를 적출하다

□ かくまくいしょく(角膜移植) = 각막 이식
□ かくまくぎんこう(角膜銀行) = 눈은행

□ もうまくさいぼう(網膜細胞) = 망막 세포
□ びねんまく(鼻粘膜) = 코 점막

□ こまくがやぶれる(鼓膜が破れる) = 고막이 터지다

☐ ちょうりょくけんさ(聴力検査) = 청력 검사

☐ へんとうせんひだい(扁桃腺肥大) = 편도선 비대
☐ こうじょうせんきのうていかしょう(甲状腺機能低下症)
  = 갑상선 기능저하증

❼ 동맥, 정맥, 모세관, 혈액, 혈전, 경색, 경화 등
  혈관 및 혈액 관련 어휘

▶ どうみゃく(動脈) = 동맥
▶ じょうみゃく(静脈) = 정맥
▶ もうさいかん(毛細管) = 모세관
▶ けつえき(血液) = 혈액
▶ けっせん(血栓) = 혈전
▶ こうそく(梗塞) = 경색
▶ こうか(硬化) = 경화

☐ ふっこうどうみゃく(腹腔動脈) = 복강 동맥
☐ けいこつどうみゃく(頸骨動脈) = 경골 동맥
☐ じょうみゃくりゅう(静脈瘤) = 정맥류

□ かんぞうじょうみゃく(肝臓静脈) = 간장 정맥

□ もうさいかんげんしょう(毛細管現象) = 모세관 현상
□ もうさいかんいんりょく(毛細管引力) = 모세관 인력

□ けつえきけんさ(血液検査) = 혈액 검사
□ けつえきさいしゅ(血液採取) = 혈액 채취

□ けっせんようかいやく(血栓溶解薬) = 혈액 용해제
□ のうけっせんしょうでたおれる(脳血栓症で倒れる)
　 = 뇌혈전증으로 쓰러지다

□ しんきんこうそく(心筋梗塞) = 심근 경색
□ きんゆうこうそく(金融梗塞) = 금융 경색

□ どうみゃくこうか(動脈硬化) = 동맥 경화
□ こつずいこうか(骨髄硬化) = 골수 경화

❽ 분비, 소화, 신진대사, 임파선, 신경, 건망증, 청진기, 혈압계 등
　내과 관련 어휘(1)

▶ ぶんぴ(分泌) = 분비
▶ しょうか(消化) = 소화
▶ しんちんたいしゃ(新陳代謝) = 신진대사
▶ りんぱせん(淋巴腺) = 임파선
▶ しんけい(神経) = 신경
▶ けんぼうしょう(健忘症) = 건망증
▶ ちょうしんき(聴診器) = 청진기
▶ けつあつけい(血圧計) = 혈압계

□ ぶんぴさよう(分泌作用) = 분비 작용
□ いえきのぶんぴ(胃液の分泌) = 위액의 분비

□ しょうかこうそ(消化酵素) = 소화 효소
□ しょうかきゅうしゅう(消化吸収) = 소화 흡수

□ しんちんたいしゃがはげしい(新陳代謝が激しい)
　 = 신진대사가 심하다
□ りんぱかんとりんぱえき(淋巴管と淋巴液) = 림프관과 림프액

- □ しんけいかびん(神経過敏) = 신경 과민
- □ しんけいすいじゃく(神経衰弱) = 신경 쇠약

- □ かれはとてもけんぼうしょうだ(彼はとても健忘症だ)
   = 그는 심한 건망증이다
- □ けんぼうしょうがひどくなる(健忘症が酷くなる)
   = 건망증이 심해지다

- □ ちょうしんきをあてる(聴診器を当てる) = 청진기를 대다
- □ けつあつをはかる(血圧を測る) = 혈압을 재다

❾ 암, 궤양, 위염, 늑막염, 흉부, 폐렴, 폐결핵 등 내과 관련 어휘(2)

▶ がん(癌) = 암
▶ かいよう(潰瘍) = 궤양
▶ いえん(胃炎) = 위염
▶ ろくまくえん(肋膜炎) = 늑막염
▶ きょうぶ(胸部) = 흉부
▶ はいえん(肺炎) = 폐렴
▶ はいけっかく(肺結核) = 폐결핵

- □ こうじょうせんがん(甲状腺癌) = 갑상선암
- □ いかいよう(胃潰瘍) = 위궤양

- □ きゅうせいいえん(急性胃炎) = 급성 위염
- □ まんせいいえん(慢性胃炎) = 만성 위염

- □ かんせいろくまくえん(乾性肋膜炎) = 건성 늑막염
- □ しっせいろくまくえん(湿性肋膜炎) = 습성 늑막염

- □ きょうぶしっかん(胸部疾患) = 흉부 질환
- □ きょうぶだいどうみゃく(胸部大動脈) = 흉부 대동맥

- □ きかんしはいえん(気管支肺炎) = 기관지 폐렴
- □ はいえんとみたてる(肺炎と見立てる) = 폐렴으로 진단하다

- □ けっかくきんがはいをおかす(結核菌が肺を冒す)
   = 결핵균이 폐를 침범하다
- □ はいけっかくでかっけつする(肺結核で喀血する)
   = 폐결핵으로 각혈하다

❿ 천공, 농양, 화농, 수술, 절개, 해부, 사체, 외과 등 외과 관련 어휘

▶ せんこう(穿孔) = 천공
▶ のうよう(膿瘍) = 농양
▶ かのう(化膿) = 화농
▶ しゅじゅつ(手術) = 수술
▶ せっかい(切開) = 절개
▶ かいぼう(解剖) = 해부
▶ げか(外科) = 외과

☐ かいようによるちょうせんこう(潰瘍による腸穿孔)
   = 궤양에 의한 장 천공
☐ はにくのうよう(歯肉膿瘍) = 잇몸 농양

☐ かのうせいのうえん(化膿性脳炎) = 화농성 뇌염
☐ つききずがかのうした(突傷が化膿した) = 찔린 상처가 곪았다

☐ いしょくしゅじゅつ(移植手術) = 이식 수술
☐ きょせいしゅじゅつ(去勢手術) = 거세 수술

☐ ていおうせっかい(帝王切開) = 제왕절개
☐ かんぶをせっかいする(患部を切開する) = 환부를 절개하다

□ せいたいかいぼう(生体解剖) = 생체 해부
□ したいかいぼう(死体解剖) = 사체 해부

□ せいけいげか(整形外科) = 정형 외과
□ げかびょうとう(外科病棟) = 외과 병동

❶ 질, 자궁, 실금, 몽정, 방뇨, 전립선 등 산부인과 및 비뇨기과 관련 어휘

▶ ちつ(膣) = 질
▶ しきゅう(子宮) = 자궁
▶ しっきん(失禁) = 실금
▶ むせい(夢精) = 몽정
▶ ほうにょう(放尿) = 방뇨
▶ ぜんりつせん(前立腺) = 전립선

□ ちつねんえき(膣粘液) = 질 점액
□ ちつけいれん(膣痙攣) = 질 경련

□ しきゅうきんしゅ(子宮筋腫) = 자궁 근종

□ しきゅうこうくつ(子宮後屈) = 자궁 후굴

□ にょうしっきん(尿失禁) = 요실금
□ むせいき(夢精期) = 몽정기

□ ところかまわずほうにょうする(所構わず放尿する)
　 = 아무 데서나 방뇨하다
□ ぜんりつせんひだいしょう(前立腺肥大症) = 전립선 비대증

❷ 마진, 백일해, 천연두, 매독, 광견병, 구제역 등 전염병 관련 어휘

▶ ましん(麻疹) = 마진
▶ ひゃくにちぜき(百日咳) = 백일해
▶ てんねんとう(天然痘) = 천연두
▶ ばいどく(梅毒) = 매독
▶ きょうけんびょう(狂犬病) = 광견병
▶ こうていえき(口蹄疫) = 구제역

□ じんましん(蕁麻疹) = 두드러기
□ ましんかんじゃ(麻疹患者) = 홍역 환자

- □ ひゃくにちぜきどくそ(百日咳毒素) = 백일해 독소
- □ てんねんとうをやむ(天然痘を病む) = 천연두를 앓다

- □ せんてんばいどく(先天梅毒) = 선천성 매독
- □ ばいどくけっせいはんのう(梅毒血清反応) = 매독 혈청반응

- □ きょうけんびょうのよぼうちゅうしゃをする
  (狂犬病の予防注射をする) = 광견병 예방주사를 놓다
- □ こうていえきのりゅうこう(口蹄疫の流行) = 구제역의 유행

 **kotoba**

しょうじょう(症状) = 증상
りんしょう(臨床) = 임상
せんたん(先端) = 첨단
ふうてん(瘋癲) = 정신병
ぜんかい(全快) = 완쾌
げんかく(幻覚) = 환각
きんだん(禁断) = 금단
てんてき(点滴) = 점적
めんえき(免疫) = 면역
こうくう(口腔) = 구강
ちょうない(腸内) = 장내
りょうほう(療法) = 요법
さっきん(殺菌) = 살균
ほうたい(繃帯) = 붕대
ばんそうこう(絆創膏) = 반창고
しょうきゃく(焼却) = 소각

ずがいこつ(頭蓋骨) = 두개골
ざこつ(座骨) = 좌골
がんぼつ(陥没) = 함몰
こうとう(喉頭) = 후두
せきつい(脊椎) = 척추
しんけいつう(神経痛) = 신경통
はくり(剥離) = 박리
すいぞう(膵臓) = 췌장
だいちょう(大腸) = 대장
もうちょう(盲腸) = 맹장
しょうがい(障害) = 장애
まんせい(慢性) = 만성
しゅじゅつ(手術) = 수술
がんきゅう(眼球) = 안구
もうまく(網膜) = 망막
ねんまく(粘膜) = 점막

kotoba

へんとうせん(扁桃腺) = 편도선
こうじょうせん(甲状腺) = 갑상선
いしょく(移植) = 이식
さいぼう(細胞) = 세포
ひだい(肥大) = 비대
けつえき(血液) = 혈액
どうみゃく(動脈) = 동맥
じょうみゃく(静脈) = 정맥
もうさいかん(毛細管) = 모세관
けっせん(血栓) = 혈전
ふっこう(腹腔) = 복강
けいこつ(頸骨) = 경골
かんぞう(肝臓) = 간장
こつずい(骨髄) = 골수

けんぼうしょう(健忘症) = 건망증
ぶんぴ(分泌) = 분비
しょうか(消化) = 소화
こうそ(酵素) = 효소
すいじゃく(衰弱) = 쇠약
かいよう(潰瘍) = 궤양
はいえん(肺炎) = 폐렴
しっせい(湿性) = 습성
きかんし(気管支) = 기관지
けっかく(結核) = 결핵
かっけつ(喀血) = 각혈
せんこう(穿孔) = 천공
のうよう(膿瘍) = 농양
かのう(化膿) = 화농

kotoba

かいぼう(解剖) = 해부
はにく(歯肉) = 잇몸
かんぶ(患部) = 환부
せいたい(生体) = 생체
しきゅう(子宮) = 자궁
ほうにょう(放尿) = 방뇨
ぜんりつせん(前立腺) = 전립선
ねんえき(粘液) = 점액
けいれん(痙攣) = 경련
きんしゅ(筋腫) = 근종
こうくつ(後屈) = 후굴
ばいどく(梅毒) = 매독
ひゃくにちぜき(百日咳) = 백일해
てんねんとう(天然痘) = 천연두

こうていえき(口蹄疫) = 구제역
じんましん(蕁麻疹) = 두드러기
けっせい(血清) = 혈청
はる(貼る) = 붙이다
はがす(剥がす) = 떼다
挫く(くじく) = 삐다
はずれる(外れる) = 빠지다
がいする(害する) = 해치다
やぶれる(破れる) = 터지다
たおれる(倒れる) = 쓰러지다
あてる(当てる) = 대다
はげしい(激しい) = 심하다
はかる(測る) = 측정하다
やむ(病む) = 앓다
おかす(冒す) = 침범하다

9

정치 · 행정

❶ 국민, 영토, 주권, 영역, 영해, 국기, 국방, 국고 등
국가 · 국민 관련 어휘

▶ こくみん(国民) = 국민
▶ りょうど(領土) = 영토
▶ しゅけん(主権) = 주권
▶ りょういき(領域) = 영역
▶ りょうかい(領海) = 영해
▶ こっき(国旗) = 국기
▶ こくぼう(国防) = 국방
▶ こっこ(国庫) = 국고

- □ こくみんせいしん(国民精神) = 국민정신
- □ こくみんけんこうほけん(国民健康保険) = 국민건강보험

- □ りょうどふんそう(領土紛争) = 영토 분쟁
- □ りょうどぶんかつ(領土分割) = 영토 분할

- □ しゅけんをこうしする(主権を行使する) = 주권을 행사하다
- □ しゅけんをおかす(主権を侵す) = 나라의 주권을 침해하다

- □ りょういきをさだめる(領域を定める) = 영역을 정하다
- □ りょういきをひろめる(領域を広める) = 영역을 넓히다

- □ りょうかいぎょぎょう(領海漁業) = 영해 어업
- □ たいきょくき(太極旗) = 태극기

- □ じしゅこくぼう(自主国防) = 자주 국방
- □ こくぼうじょうほうきょく(国防情報局) = 국방 정보국

- □ こっこじゅんびきん(国庫準備金) = 국고 준비금
- □ こっこがにぎわう(国庫が賑わう) = 국고가 충실해지다

❷ 대통령, 각하, 수반, 시찰, 각의, 방침, 조각 등 국가기구 관련 어휘

▶ だいとうりょう(大統領) = 대통령
▶ かっか(閣下) = 각하
▶ しゅはん(首班) = 수반
▶ しさつ(視察) = 시찰
▶ かくぎ(閣議) = 각의
▶ ほうしん(方針) = 방침
▶ そかく(組閣) = 조각

□ だいとうりょうこうほ(大統領候補) = 대통령 후보
□ だいとうりょうかっか(大統領閣下) = 대통령 각하

□ ないかくしゅはん(内閣首班) = 내각 수반
□ みんじょうしさつ(民情視察) = 민정 시찰

□ ていれいかくぎ(定例閣議) = 정례 각의
□ かくぎをひらく(閣議を開く) = 각의를 열다

□ しせいほうしん(施政方針) = 시정 방침
□ けいえいほうしん(経営方針) = 경영 방침

□ そかくじんじ(組閣人事) = 조각 인사
□ そかくにちゃくしゅする(組閣に着手する) = 조각에 착수하다

❸ 국회, 비준, 대의정치, 민선, 당원, 사무국, 간사 등 의회 관련 어휘

▶ こっかい(国会) = 국회
▶ ひじゅん(批准) = 비준
▶ だいぎせいじ(代議政治) = 대의정치
▶ みんせん(民選) = 민선
▶ とういん(党員) = 당원
▶ じむきょく(事務局) = 사무국
▶ かんじ(幹事) = 간사

□ こっかいぎじどう(国会議事堂) = 국회 의사당
□ りんじこっかい(臨時国会) = 임시 국회

□ ひじゅんしょ(批准書) = 비준서
□ じょうやくをひじゅんする(条約を批准する) = 조약을 비준하다

□ だいぎせいじのほんば(代議政治の本場) = 대의정치의 본고장

□ みんせんぎいん(民選議員) = 민선 의원

□ ひらとういん(平党員) = 평당원
□ すじがねいりのとういん(筋金入りの党員) = 골수 당원

□ じむきょくをおく(事務局を置く) = 사무국을 두다
□ かんじにいちにんする(幹事に一任する) = 간사에게 일임하다

❹ 조약, 조인, 동맹, 선전, 수교, 각서, 백서 등 국제관계 관련 어휘

▶ じょうやく(条約) = 조약
▶ ちょういん(調印) = 조인
▶ どうめい(同盟) = 동맹
▶ せんせん(宣戦) = 선전
▶ しゅうこう(修交) = 수교
▶ おぼえがき(覚書) = 각서
▶ はくしょ(白書) = 백서

□ こうわじょうやく(講和条約) = 강화 조약
□ わしんじょうやく(和親条約) = 화친 조약

- □ ちょういんをおえる(調印を終える) = 조인을 마치다
- □ こうしゅどうめい(攻守同盟) = 공수 동맹

- □ せんせんをふこくする(宣戦を布告する) = 선전을 포고하다
- □ しゅうこうくんしょう(修交勳章) = 수교 훈장

- □ おぼえがきのとりかわし(覚書の取り交わし) = 각서 교환
- □ けいざいはくしょ(経済白書) = 경제 백서

❺ 선거, 정당, 공약, 개표, 득표, 선출, 무기명 등 선거 관련 어휘

- ▶ せんきょ(選挙) = 선거
- ▶ せいとう(政党) = 정당
- ▶ こうやく(公約) = 공약
- ▶ かいひょう(開票) = 개표
- ▶ とくひょう(得票) = 득표
- ▶ せんしゅつ(選出) = 선출
- ▶ むきめい(無記名) = 무기명

- □ そうせんきょ(総選挙) = 총선거

☐ せんきょにんめいぼ(選挙人名簿) = 선거인 명부

☐ ほしゅせいとう(保守政党) = 보수 정당
☐ きゅうしんせいとう(急進政党) = 급진 정당

☐ こうやくさんしょう(公約三章) = 공약 삼장
☐ こうやくをまもる(公約を守る) = 공약을 지키다

☐ かいひょうそくほう(開票速報) = 개표 속보
☐ とくひょうじゅんい(得票順位) = 득표 순위

☐ せんしゅつほうしん(選出方針) = 선출 방침
☐ やくいんをせんしゅつする(役員を選出する) = 임원을 선출하다

☐ むきめいとうひょう(無記名投票) = 무기명 투표
☐ むきめいうらがき(無記名裏書) = 무기명 배서

❻ 관청, 관제, 관허, 관선, 관장, 분장 등 관청 관련 어휘

▶ かんちょう(官庁) = 관청

▶ かんせい(管制) = 관제
▶ かんきょ(官許) = 관허
▶ かんせん(官選) = 관선
▶ かんしょう(管掌) = 관장
▶ ぶんしょう(分掌) = 분장

□ しゅむかんちょう(主務官庁) = 주무 관청
□ かんちょうじむ(官庁事務) = 관청 사무

□ かんきょをえる(官許を得る) = 관허를 얻다
□ かんせんべんごにん(官選弁護人) = 국선 변호인

□ かんせいとう(管制塔) = 관제탑
□ とうかかんせい(灯火管制) = 등화 관제

□ じむをかんしょうする(事務を管掌する) = 사무를 관장하다
□ ぎょうむをぶんしょうする(業務を分掌する) = 업무를 분장하다

❼ 당국, 게시, 고지, 공보, 공시, 공인, 보조금 등 행정 관련 어휘

▶ とうきょく(当局) = 당국
▶ けいじ(掲示) = 게시
▶ こくじ(告示) = 고시
▶ こうほう(公報) = 공보
▶ こうじ(公示) = 공시
▶ こうにん(公認) = 공인
▶ ほじょきん(補助金) = 보조금

□ けいさつとうきょく(警察当局) = 경찰 당국
□ とうきょくにだんずる(当局に談ずる) = 당국에 따지다

□ でんこうけいじばん(電光掲示板) = 전광 게시판
□ けいじがでる(掲示が出る) = 게시가 공고되다

□ ないかくこくじ(内閣告示) = 내각 고시
□ こくじをはりだす(告示を張出す) = 고시를 내다 붙이다

□ せんきょこうほう(選挙公報) = 선거 공보
□ こうほうをまわす(公報を回す) = 공보를 돌리다

□ こうじちか(公示地価) = 공시 지가
□ こうじそうたつ(公示送達) = 공시 송달

□ こうにんきろく(公認記録) = 공인 기록
□ せいふからほじょきんがおりる(政府から補助金が下りる)
  = 정부에서 보조금이 나오다

❽ 감사, 대사, 내근, 보안, 간부, 서기관, 비번 등 공무 관련 어휘(1)

▶ かんさ(監査) = 감사
▶ たいし(大使) = 대사
▶ ないきん(内勤) = 내근
▶ ほあん(保安) = 보안
▶ かんぶ(幹部) = 간부
▶ しょきかん(書記官) = 서기관
▶ ひばん(非番) = 비번

□ ぎょうせいかんさ(行政監査) = 행정 감사
□ かいけいかんさ(会計監査) = 회계 감사

□ ちゅうべいたいし(駐米大使) = 주미 대사

□ とくめいぜんけんたいし(特命全権大使) = 특명 전권 대사

□ ないきんきしゃ(内勤記者) = 내근 기자

□ かいじょうほあんちょう(海上保安庁) = 해상 보안청

□ かんぶこうほせい(幹部候補生) = 간부 후보생

□ ちゅうけんかんぶ(中堅幹部) = 중견 간부

□ さいばんしょしょきかん(裁判所書記官) = 재판소 서기관

□ きょうはひばんだ(今日は非番だ) = 오늘은 비번이다

❾ 국립, 공립, 공영, 시영, 공복, 공안, 관권 등 공무 관련 어휘(2)

▶ こくりつ(国立) = 국립

▶ こうりつ(公立) = 공립

▶ こうえい(公営) = 공영

▶ しえい(市営) = 시영

▶ こうぼく(公僕) = 공복

▶ こうあん(公安) = 공안

▶ かんけん(官権) = 관권

☐ こくりつげきじょう(国立劇場) = 국립 극장
☐ こくりつこうえん(国立公園) = 국립 공원

☐ こうりつとしりつ(公立と私立) = 공립과 사립
☐ こうりつびょういん(公立病院) = 공립 병원

☐ こうえいほうそう(公営放送) = 공영 방송
☐ しえいじゅうたく(市営住宅) = 시영 주택

☐ こくみんのこうぼく(国民の公僕) = 국민의 공복
☐ こうあんじょうれい(公安条例) = 공안 조례

☐ かんけんときんけん(官権と金権) = 관권과 금권
☐ かんけんをらんようする(官権を濫用する) = 관권을 남용하다

❿ 국세, 과세, 세율, 세관, 관세, 납기, 납부 등 세무 관련 어휘

▶ こくぜい(国税) = 국세

▶ かぜい(課税) = 과세

▶ ぜいりつ(税率) = 세율

▶ ぜいかん(税関) = 세관

▶ かんぜい(関税) = 관세

▶ のうき(納期) = 납기

▶ のうふ(納付) = 납부

□ こくぜいちょう(国税庁) = 국세청

□ こくぜいをおさめる(国税を納める) = 국세를 납부하다

□ げんせんかぜい(源泉課税) = 원천 과세

□ るいしんかぜい(累進課税) = 누진 과세

□ じっこうぜいりつ(実効税率) = 실효 세율

□ しょとくぜいりつ(所得税率) = 소득 세율

□ ぜいかんしんこく(税関申告) = 관세 신고

□ ぜいかんしらべ(税関調べ) = 세관 검사

□ かんぜいしょうへき(関税障壁) = 관세 장벽

□ ほうふくかんぜい(報復関税) = 보복 관세

□ のうきがせまる(納期が迫る) = 납기가 다가오다
□ のうふきげん(納付期限) = 납부 기한

⓫ 기안, 양식, 별첨, 별표, 비고, 신청, 보정, 소인 등 행정 관련 어휘

▶ きあん(起案) = 기안
▶ ようしき(様式) = 양식
▶ べってん(別添) = 별첨
▶ べっぴょう(別表) = 별표
▶ びこう(備考) = 비고
▶ しんせい(申請) = 신청
▶ ほてい(補訂) = 보정
▶ けしいん(消印) = 소인

□ こうぶんをきあんする(公文を起案する) = 공문을 기안하다
□ しょていのようしき(所定の様式) = 소정의 양식

□ べってんのしょるい(別添の書類) = 별첨 서류
□ べっぴょうさんしょう(別表参照) = 별표 참조

□ びこうらん(備考欄) = 비고란
□ にんかしんせい(認可申請) = 인가 신청

□ ほていをくわえる(補訂を加える) = 보정을 가하다
□ けしいんをおす(消印を押す) = 소인을 찍다

 **kotoba**

こくみん(国民) = 국민
りょうど(領土) = 영토
しゅけん(主権) = 주권
りょういき(領域) = 영역
りょうかい(領海) = 영해
こっき(国旗) = 국기
こくぼう(国防) = 국방
ふんそう(紛争) = 분쟁
こうし(行使) = 행사
ほうしん(方針) = 방침
そかく(組閣) = 조각
ないかく(内閣) = 내각
みんじょう(民情) = 민정
しせい(施政) = 시정
こっかい(国会) = 국회
ひじゅん(批准) = 비준

みんせん(民選) = 민선
とういん(党員) = 당원
かんじ(幹事) = 간사
じょうやく(条約) = 조약
ぎいん(議員) = 의원
ちょういん(調印) = 조인
どうめい(同盟) = 동맹
せんせん(宣戦) = 선전
しゅうこう(修交) = 수교
おぼえがき(覚書) = 각서
はくしょ(白書) = 백서
こうわ(講和) = 강화
くんしょう(勲章) = 훈장
かいひょう(開票) = 개표
せんしゅつ(選出) = 선출
むきめい(無記名) = 무기명

9. 정치·행정

 **kotoba**

めいぼ(名簿) = 명부
ほうしん(方針) = 방침
やくいん(役員) = 임원
とうひょう(投票) = 투표
しゅむ(主務) = 주무
かんせいとう(管制塔) = 관제탑
こうにん(公認) = 공인
かんさ(監査) = 감사
たいし(大使) = 대사
ないきん(内勤) = 내근
ほあん(保安) = 보안
かんぶ(幹部) = 간부
ひばん(非番) = 비번
ぎょうせい(行政) = 행정
かいけい(会計) = 회계
とくめい(特命) = 특명

かいじょう(海上) = 해상
ちゅうけん(中堅) = 중견
こうえい(公営) = 공영
しえい(市営) = 시영
こうあん(公安) = 공안
かんけん(官権) = 관권
げきじょう(劇場) = 극장
じょうれい(条例) = 조례
きんけん(金権) = 금권
らんよう(濫用) = 남용
こくぜい(国税) = 국세
ぜいかん(税関) = 세관
かんぜい(関税) = 관세
のうき(納期) = 납기
るいしん(累進) = 누진
じっこう(実効) = 실효

 *kotoba*

しょとく(所得) = 소득
しんこく(申告) = 신고
しょうへき(障壁) = 장벽
ほうふく(報復) = 보복
きげん(期限) = 기한
きあん(起案) = 기안
ようしき(様式) = 양식

べってん(別添) = 별첨
べっぴょう(別表) = 별표
びこう(備考) = 비고
ほてい(補訂) = 보정
けしいん(消印) = 소인
こうぶん(公文) = 공문
しょてい(所定) = 소정

おかす(侵す) = 침해하다
さだめる(定める) = 정하다
ひろめる(広める) = 넓히다
にぎわう(賑わう) = 번성하다
ひらく(開く) = 열다
おえる(終える) = 마치다
まもる(守る) = 지키다
だんずる(談ずる) = 따지다

まわす(回す) = 돌리다
はりだす(張出す) = 내붙이다
おりる(下りる) = 내려오다
おさめる(納める) = 납부하다
しらべる(調べる) = 검사하다
せまる(迫る) = 다가오다
おす(押す) = 찍다
くわえる(加える) = 더하다

군사

❶ 갑종, 을종, 병종, 복무, 현역, 퇴역, 상비군, 예비역 등 징병 및 복무 관련 어휘

- ▶ ちょうへい(徴兵) = 징병
- ▶ こうしゅ(甲種) = 갑종
- ▶ おつしゅ(乙種) = 을종
- ▶ へいしゅ(丙種) = 병종
- ▶ ふくむ(服務) = 복무
- ▶ げんえき(現役) = 현역
- ▶ たいえき(退役) = 퇴역
- ▶ よびえき(予備役) = 예비역

- □ ちょうへいせいど(徴兵制度) = 징병 제도
- □ ちょうへいけんさ(徴兵検査) = 징병 검사

- □ こうしゅごうかく(甲種合格) = 갑종 합격
- □ おつしゅのはんていをうける(乙種の判定を受ける)
  = 을종 판정을 받다

- □ ふくむきてい(服務規程) = 복무 규정
- □ ふくむねんげん(服務年限) = 복무 연한

- □ げんえきしょうこう(現役将校) = 현역 장교
- □ げんえきをしりぞく(現役を退く) = 현역에서 물러나다

- □ まんきたいえき(満期退役) = 만기 퇴역
- □ たいえきぐんじん(退役軍人) = 퇴역 군인

- □ よびえきたいさ(予備役大佐) = 예비역 대좌
- □ よびえきにへんにゅうされる(予備役に編入される)
  = 예비역에 편입되다

10. 군사

❷ 육군, 해군, 포병, 공병, 헌병 등 병과 관련 어휘

▶ りくぐん(陸軍) = 육군
▶ かいぐん(海軍) = 해군
▶ ほへい(歩兵) = 보병
▶ ほうへい(砲兵) = 포병
▶ こうへい(工兵) = 공병
▶ けんぺい(憲兵) = 헌병

☐ りくぐんたいしょう(陸軍大将) = 육군 대장
☐ りくぐんしょうい(陸軍少尉) = 육군 소위

☐ かいぐんていとく(海軍提督) = 해군 제독
☐ かいぐんこうしょう(海軍工廠) = 해군 공창

☐ きかいかほへい(機械化歩兵) = 기계화 보병
☐ ほへいときへい(歩兵と騎兵) = 포병과 기병

☐ ほうへいじんち(砲兵陣地) = 포병 진지
☐ ほうへいのえんごしゃげき(砲兵の掩護射撃) = 포병의 엄호사격

☐ こうへいたいをはへいする(工兵隊を派兵する)

= 공병대를 파병하다
□ けんぺいのじゅんさつしゃ(憲兵の巡察車) = 헌병의 순찰차

❸ 기지, 주둔, 군단, 사단, 연대, 대대, 중대, 소대 등 부대 관련 어휘

▶ きち(基地) = 기지
▶ ちゅうとん(駐屯) = 주둔
▶ ぐんだん(軍団) = 군단
▶ しだん(師団) = 사단
▶ れんたい(連隊) = 연대
▶ だいたい(大隊) = 대대
▶ ちゅうたい(中隊) = 중대
▶ しょうたい(小隊) = 소대

□ ほきゅうきち(補給基地) = 보급 기지
□ へいたんきち(兵站基地) = 병참 기지

□ ぐんたいがちゅうとんする(軍隊が駐屯する) = 군대가 주둔하다
□ ちゅうとんちからてっぺいする(駐屯地から撤兵する)
　　= 주둔지에서 철병하다

- □ じょうびぐんだん(常備軍団) = 상비 군단
- □ このえしだん(近衛師団) = 근위 사단

- □ れんたいちょうのめいをまつ(連隊長の命を待つ)
  = 연대장의 명령을 기다리다
- □ だいたいふくかん(大隊副官) = 대대 부관

- □ ちゅうたいにへんせいする(中隊に編制する) = 중대로 편제하다
- □ しょうたいのだいいちはん(小隊の第一班) = 소대의 제1분대

❹ 군적, 사령관, 사관, 하사관, 군속, 관등성명 등 신분 관련 어휘

- ▶ ぐんせき(軍籍) = 군적
- ▶ しれいかん(司令官) = 사령관
- ▶ しかん(士官) = 사관
- ▶ かしかん(下士官) = 하사관
- ▶ ぐんぞく(軍属) = 군무원
- ▶ かんとうせいめい(官等姓名) = 관등성명

- □ ぐんせきにはいる(軍籍に入る) = 군적에 들다(군인이 되다)

□ ぐんせきをはくだつする(軍籍を剥奪する) = 군적을 박탈하다

□ れんごうこくぐんさいこうしれいかん(連合国軍最高司令官)
　= 연합국군 최고사령관
□ かいげんしれいかん(戒厳司令官) = 계엄 사령관

□ しかんがっこう(士官学校) = 사관학교
□ しゅうばんかしかん(週番下士官) = 주번 하사관

□ ぐんぞくになる(軍属になる) = 군무원이 되다
□ ひくいかんとうのひと(低い官等の人) = 관등이 낮은 사람

❺ 초병, 첨병, 돌격대, 유격대, 특공, 기동대 등
　역할에 관련된 어휘

▶ しょうへい(哨兵) = 초병
▶ せんぺい(尖兵) = 첨병
▶ とつげきたい(突撃隊) = 돌격대
▶ ゆうげきたい(遊撃隊) = 유격대
▶ とっこうたい(特攻隊) = 특공대

▶ きどうたい(機動隊) = 기동대

□ ほしょうへい(歩哨兵) = 보초병
□ きぎょうはしんりゃくのせんぺい(企業は侵略の尖兵)
  = 기업은 침략의 첨병

□ とつげきたいのかつやく(突撃隊の活躍) = 돌격대의 활약
□ きょうさんとうのゆうげきたい(共産党の遊撃隊)
  = 공산당의 유격대

□ かみかぜとっこうたい(神風特攻隊) = 가미카제 특공대
□ きどうたいがしゅつどうする(機動隊が出動する)
  = 기동대가 출동하다

❻ 기상, 군가, 군복, 종대, 횡대, 사열 등 행사 및 생활에 관한 어휘

▶ きしょう(起床) = 기상
▶ ぐんか(軍歌) = 군가
▶ ぐんぷく(軍服) = 군복
▶ じゅうたい(縦隊) = 종대

▶ おうたい(横隊) = 횡대
▶ さえつ(査閲) = 사열

□ きしょうじかん(起床時間) = 기상 시간
□ きしょうらっぱ(起床喇叭) = 기상 나팔

□ ぐんかをうたう(軍歌を歌う) = 군가를 부르다
□ ぐんぷくをちゃくようする(軍服を着用する) = 군복을 착용하다

□ いちれつじゅうたい(一列縱隊) = 일렬종대
□ にれつおうたいにならぶ(二列横隊に並ぶ) = 이열횡대로 늘어서다

□ さえつしき(査閲式) = 사열식
□ ぎじょうたいをさえつする(儀仗隊を査閲する)
  = 의장대를 사열하다

❼ 군항, 군함, 함대, 함정, 순양함, 구축함 등 해군에 관련된 어휘

▶ ぐんこう(軍港) = 군항
▶ ぐんかん(軍艦) = 군함

▶ かんたい(艦隊) = 함대
▶ かんてい(艦艇) = 함정
▶ じゅんようかん(巡洋艦) = 순양함
▶ くちくかん(駆逐艦) = 구축함

□ ようさいとしてのぐんこう(要塞としての軍港) = 요새로서의 군항
□ かくをとうさいしたぐんかん(核を搭載した軍艦)
　= 핵을 탑재한 군함

□ むてきかんたい(無敵艦隊) = 무적함대
□ しゅりょくかんたい(主力艦隊) = 주력함대

□ しょうかいかんてい(哨戒艦艇) = 경비정
□ ようりくかんてい(揚陸艦艇) = 상륙함정

□ そうこうじゅんようかん(装甲巡洋艦) = 장갑순양함
□ くちくかんのぎょらいこうげき(駆逐艦の魚雷攻撃)
　= 구축함 어뢰 공격

❽ 기관포, 고사포, 박격포, 야포, 포대, 포문, 포격 등
　포대와 관련된 어휘

▶ きかんほう(機関砲) = 기관포
▶ こうしゃほう(高射砲) = 고사포
▶ はくげきほう(迫撃砲) = 박격포
▶ やほう(野砲) = 야포
▶ ほうだい(砲台) = 포대
▶ ほうもん(砲門) = 포문
▶ ほうげき(砲撃) = 포격

☐ こうしゃきかんほう(高射機関砲) = 고사 기관포
☐ はくげきほうをはっしゃする(迫撃砲を発射する)
　 = 박격포를 발사하다

☐ やほうぶたい(野砲部隊) = 야포 부대
☐ ほうだいをきずく(砲台を築く) = 포대를 구축하다

☐ ほうもんをひらく(砲門を開く) = 포문을 열다
☐ ほうげきをうける(砲撃を受ける) = 포격을 받다

❾ 권총, 소총, 총탄, 폭탄, 수류탄, 최루탄, 뇌관 등
무기 및 탄환에 관한 어휘

- ▶ けんじゅう(拳銃) = 권총
- ▶ しょうじゅう(小銃) = 소총
- ▶ じゅうだん(銃弾) = 총탄
- ▶ ばくだん(爆弾) = 폭탄
- ▶ しゅりゅうだん(手榴弾) = 수류탄
- ▶ さいるいだん(催涙弾) = 최루탄
- ▶ らいかん(雷管) = 뇌관

- □ けんじゅういっちょう(拳銃一丁) = 권총 한 정
- □ けんじゅうでうつ(拳銃で撃つ) = 권총으로 쏘다

- □ じどうしょうじゅう(自動小銃) = 자동 소총
- □ しょうじゅうのしゃていきょり(小銃の射程距離)
    = 소총의 사정거리

- □ じゅうだんをあびる(銃弾を浴びる) = 총탄 세례를 받다
- □ じげんばくだん(時限爆弾) = 시한폭탄

- □ しゅりゅうだんをなげる(手榴弾を投げる) = 수류탄을 던지다

☐ さいるいだんをつかう(催涙弾を使う) = 최류탄을 사용하다

☐ ほうだんのらいかん(砲弾の雷管) = 포탄의 뇌관
☐ らいかんをはずす(雷管を外す) = 뇌관을 제거하다

❿ 개전, 전시, 전비, 전선, 전열, 작전, 사격, 맹공 등 전쟁에 관련된 어휘 (1)

▶ かいせん(開戦) = 개전
▶ せんじ(戦時) = 전시
▶ せんぴ(戦費) = 전비
▶ せんせん(戦線) = 전선
▶ せんれつ(戦列) = 전열
▶ さくせん(作戦) = 작전
▶ しゃげき(射撃) = 사격
▶ もうこう(猛攻) = 맹공

☐ かいせんをせんする(開戦を宣する) = 개전을 선포하다
☐ せんじたいせい(戦時体制) = 전시 체제

□ せんぴをまかなう(戦費を賄う) = 전비를 조달하다
□ とういつせんせん(統一戦線) = 통일 전선

□ せんれつにくわわる(戦列に加わる) = 전열에 가담하다
□ せんれつをととのえる(戦列を整える) = 전열을 가다듬다

□ きしゅうさくせん(奇襲作戦) = 기습 작전
□ きょうげきさくせん(挟撃作戦) = 협공 작전

□ けいこくしゃげき(警告射撃) = 경고 사격
□ いっせいしゃげき(一斉射撃) = 일제 사격

□ もうこうをあびせる(猛攻を浴びせる) = 맹공을 퍼붓다
□ てきのもうこうにくっする(敵の猛攻に屈する)
  = 적의 맹공에 굴복하다

❶ 적탄, 항전, 육탄, 점령, 전몰, 전멸, 총살, 정전 등
  전쟁에 관련된 어휘 (2)

▶ てきだん(敵弾) = 적탄

▶ こうせん(抗戦) = 항전

▶ にくだん(肉弾) = 육탄

▶ せんりょう(占領) = 점령

▶ せんぼつ(戦没) = 전몰

▶ ぜんめつ(全滅) = 전멸

▶ じゅうさつ(銃殺) = 총살

▶ ていせん(停戦) = 정전

□ てきだんにたおれる(敵弾に倒れる) = 적탄에 쓰러지다

□ ひっしにこうせんする(必死に抗戦する) = 필사적으로 항전하다

□ にくだんあいうつ(肉弾相打つ) = 육탄으로 서로 맞붙어 싸우다

□ せんりょうぐんちか(占領軍治下) = 점령군 치하

□ せんぼつしゃいれいひ(戦没者慰霊碑) = 전몰자 위령비

□ せんぼつしゃをごうしする(戦没者を合祀する)

 = 전몰자를 합사하다

□ てきぐんをぜんめつさせる(敵軍を全滅させる)

 = 적군을 전멸시키다

□ じゅうさつにしょする(銃殺に処する) = 총살에 처하다

□ ていせんきょうてい(停戦協定) = 정전 협정
□ いちじていせんしたじょうたい(一時停戦した状態)
 = 일시 정전된 상태

 **kotoba**

ちょうへい(徴兵) = 징병
こうしゅ(甲種) = 갑종
おつしゅ(乙種) = 을종
げんえき(現役) = 현역
たいえき(退役) = 퇴역
しょうこう(将校) = 장교
まんき(満期) = 만기
りくぐん(陸軍) = 육군
ほうへい(砲兵) = 포병
こうへい(工兵) = 공병
けんぺい(憲兵) = 헌병
しょうい(少尉) = 소위
ていとく(提督) = 제독
こうしょう(工廠) = 공창
ちゅうとん(駐屯) = 주둔
ぐんだん(軍団) = 군단

れんたい(連隊) = 연대
だいたい(大隊) = 대대
ほきゅう(補給) = 보급
へいたん(兵站) = 병참
じょうび(常備) = 상비
このえ(近衛) = 근위
へんせい(編制) = 편제
ぐんせき(軍籍) = 군적
しれいかん(司令官) = 사령관
かしかん(下士官) = 하사관
ぐんぞく(軍属) = 군무원
かいげん(戒厳) = 계엄
しゅうばん(週番) = 주번
しょうへい(哨兵) = 초병
せんぺい(尖兵) = 첨병
ゆうげきたい(遊撃隊) = 유격대

kotoba

とっこうたい(特攻隊) = 특공대
かみかぜ(神風) = 가미카제
きしょう(起床) = 기상
ぐんぷく(軍服) = 군복
じゅうたい(縦隊) = 종대
おうたい(横隊) = 횡대
さえつ(査閲) = 사열
らっぱ(喇叭) = 나팔
ぐんこう(軍港) = 군항
さえつ(査閲) = 사열
ぎじょうたい(儀仗隊) = 의장대
じゅんようかん(巡洋艦)
= 순양함
くちくかん(駆逐艦) = 구축함
とうさい(搭載) = 탑재
しょうかい(哨戒) = 경비

ようりく(揚陸) = 상륙
そうこう(装甲) = 장갑
きかんほう(機関砲) = 기관포
こうしゃほう(高射砲) = 고사포
はくげきほう(迫撃砲) = 박격포
やほう(野砲) = 야포
けんじゅう(拳銃) = 권총
しゅりゅうだん(手榴弾)
= 수류탄
さいるいだん(催涙弾) = 최루탄
せんぴ(戦費) = 전비
せんせん(戦線) = 전선
せんれつ(戦列) = 전열
もうこう(猛攻) = 맹공
きしゅう(奇襲) = 기습
きょうげき(挟撃) = 협공

kotoba

けいこく(警告) = 경고
こうせん(抗戦) = 항전
にくだん(肉弾) = 육탄
せんぼつ(戦没) = 전몰
ぜんめつ(全滅) = 전멸
じゅうさつ(銃殺) = 총살

ていせん(停戦) = 정전
ひっし(必死) = 필사
ちか(治下) = 치하
いれいひ(慰霊碑) = 위령비
ごうし(合祀) = 합사
きょうてい(協定) = 협정

うける(受ける) = 받다
しりぞく(退く) = 물러나다
まつ(待つ) = 기다리다
ならぶ(並ぶ) = 늘어서다
きずく(築く) = 쌓다
うける(受ける) = 받다
うつ(撃つ) = 쏘다
あびる(浴びる) = 뒤집어쓰다
なげる(投げる) = 던지다

はずす(外す) = 제거하다
せんする(宣する) = 선포하다
まかなう(賄う) = 조달하다
くわわる(加わる) = 가담하다
ととのえる(整える) = 가다듬다
あびせる(浴びせる) = 퍼붓다
くっする(屈する) = 굴복하다
たおれる(倒れる) = 쓰러지다
しょする(処する) = 처하다

11

예술 · 체육

❶ 예술, 미술, 화랑, 화백, 전람, 조형 등 미술 관련 어휘

▶ げいじゅつ(芸術) = 예술

▶ びじゅつ(美術) = 미술

▶ がろう(画廊) = 화랑

▶ がはく(画伯) = 화백

▶ てんらん(展覧) = 전람

▶ ぞうけい(造形) = 조형

☐ くうかんげいじゅつ(空間芸術) = 공간 예술

☐ げいじゅつのでんどう(芸術の殿堂) = 예술의 전당

- □ こうげいびじゅつ(工芸美術) = 공예 미술
- □ びじゅつかんとく(美術監督) = 미술 감독

- □ がろうにちんれつちゅうのえ(画廊に陳列中の絵)
  = 화랑에 진열 중인 그림
- □ としおいたがはく(年老いた画伯) = 늙은 화백

- □ びじゅつてんらんかい(美術展覧会) = 미술 전람회
- □ てんらんかいにだす(展覧会に出す) = 전람회에 출품하다

- □ ぞうけいげいじゅつ(造形芸術) = 조형 예술
- □ ぞうけいこうか(造形効果) = 조형 효과

❷ 나체화, 초상화, 수채화, 추상화, 판화 등 화풍에 관한 어휘

- ▶ らたいが(裸体画) = 나체화
- ▶ しょうぞうが(肖像画) = 초상화
- ▶ すいさいが(水彩画) = 수채화
- ▶ ちゅうしょうが(抽象画) = 추상화
- ▶ はんが(版画) = 판화

□ らたいびじん(裸体美人) = 나체 미인

□ らたいをえがく(裸体を描く) = 나체를 그리다

□ しょうぞうをえがかせる(肖像を描かせる) = 초상을 그리게 하다

□ すいさいがどうぐ(水彩画道具) = 수채화 도구

□ ちゅうしょうひょうげんしゅぎ(抽象表現主義) = 추상표현주의

□ はんがをする(版画を刷る) = 판화를 박다

❸ 음악, 악보, 음계, 음정, 화음, 선율 등 음률에 관한 어휘

▶ おんがく(音楽) = 음악

▶ がくふ(楽譜) = 악보

▶ おんかい(音階) = 음계

▶ おんてい(音程) = 음정

▶ わおん(和音) = 화음

▶ せんりつ(旋律) = 선율

□ おんがくかんしょう(音楽鑑賞) = 음악 감상

□ でんしおんがく(電子音楽) = 전자 음악

- □ がくふのしょほう(楽譜の書法) = 악보의 표기법
- □ がくふをおんめいでよむ(楽譜を音名で読む)
  = 악보를 음명으로 읽다

- □ おんかいがただしい(音階が正しい) = 음계가 바르다
- □ おんていがくるう(音程が狂う) = 음정이 틀리다

- □ わおんきごう(和音記号) = 화음 기호
- □ しずかなせんりつがながれる(静かな旋律が流れる)
  = 조용한 선율이 흐르다

❹ 성악, 독창, 비가, 찬미가, 창가, 유행가 등 노래에 관한 어휘

- ▶ せいがく(声楽) = 성악
- ▶ どくしょう(独唱) = 독창
- ▶ ひか(悲歌) = 비가
- ▶ さんびか(賛美歌) = 찬미가
- ▶ しょうか(唱歌) = 창가
- ▶ りゅうこうか(流行歌) = 유행가

□ せいがくのしどうをうける(声楽の指導を受ける)
　= 성악 지도를 받다
□ はっぴょうかいでどくしょうする(発表会で独唱する)
　= 발표회에서 독창하다

□ ひかこうがいする(悲歌慷慨する) = 비장한 노래를 부르다
□ さんびかのえいしょう(賛美歌の詠唱) = 찬미가의 영창

□ しょうかをうたう(唱歌を歌う) = 창가를 부르다
□ りゅうこうかにみるせそう(流行歌に見る世相)
　= 유행가로 본 세태

❺ 연주, 독주, 반주, 협주, 현악기, 관악기 등
　연주와 악기에 관한 어휘

▶ えんそう(演奏) = 연주
▶ どくそう(独奏) = 독주
▶ ばんそう(伴奏) = 반주
▶ きょうそう(協奏) = 협주
▶ げんがっき(弦楽器) = 현악기

▶ かんがっき(管楽器) = 관악기

☐ えんそうのきょくもく(演奏の曲目) = 연주의 곡목
☐ どくそうかい(独奏会) = 독창회

☐ ばんそうなしでうたう(伴奏なしで歌う) = 반주 없이 노래하다
☐ こうきょうきょうそうきょく(交響協奏曲) = 교향 협주곡

☐ げんがっきそうしゃ(弦楽器奏者) = 현악기 주자
☐ かんがっきをすいそうする(管楽器を吹奏する)
   = 관악기를 취주하다

❻ 무대, 극단, 연극, 연출, 시연, 상연, 연기, 배우 등
   연극 · 영화 관련 어휘 (1)

▶ ぶたい(舞台) = 무대
▶ げきだん(劇団) = 극단
▶ えんげき(演劇) = 연극
▶ えんしゅつ(演出) = 연출
▶ しえん(試演) = 시연

▶ じょうえん(上演) = 상연
▶ えんぎ(演技) = 연기
▶ はいゆう(俳優) = 배우

☐ はつぶたい(初舞台) = 첫 무대
☐ ぶたいはいゆう(舞台俳優) = 연극배우

☐ げきだんのはたあげこうえん(劇団の旗揚げ公演)
　= 극단의 창단 공연
☐ ちほうまわりのげきだん(地方回りの劇団) = 지방 순회 극단

☐ でんとうえんげき(伝統演劇) = 전통연극
☐ えんげきのこどうぐ(演劇の小道具) = 연극의 소품

☐ えんしゅつだいほん(演出台本) = 연출 대본
☐ えんしゅつこうか(演出効果) = 연출 효과

☐ こうかいしえん(公開試演) = 공개 시연
☐ かげきをじょうえんする(歌劇を上演する) = 가극을 상연하다

☐ くさいえんぎ(臭い演技) = 어설픈 연기
☐ はくしんのえんぎ(迫真の演技) = 실감나는 연기

□ せいかくはいゆう(性格俳優) = 성격배우
□ じょえんはいゆう(助演俳優) = 조연 배우

❼ 극장, 촬영, 대역, 방화, 상영, 배우, 남우, 여우 등 연극·영화 관련 어휘 (2)

▶ げきじょう(劇場) = 극장
▶ さつえい(撮影) = 촬영
▶ だいやく(代役) = 대역
▶ ほうが(邦画) = 방화
▶ じょうえい(上映) = 상영
▶ だんゆう(男優) = 남우
▶ じょゆう(女優) = 여우

□ じんせいげきじょう(人生劇場) = 인생극장
□ げきじょうがまんせきだ(劇場が満席だ) = 극장이 만원이다

□ さつえいかんとく(撮影監督) = 촬영 감독
□ すいちゅうさつえい(水中撮影) = 수중 촬영

□ だいやくをたてる(代役を立てる) = 대역을 세우다
□ ほうがせんもんかん(邦画専門館) = 방화 전문관

□ れんぞくじょうえい(連続上映) = 연속 상영
□ ぜっさんじょうえいちゅう(絶賛上映中) = 절찬 상영중

□ しゅえんだんゆう(主演男優) = 주연 남우
□ じょゆうにこがれる(女優に焦がれる) = 여우를 동경하다

❽ 경기, 선서, 선발, 시합, 낙승, 대승, 참패 등 경기 관련 어휘

▶ きょうぎ(競技) = 경기
▶ せんせい(宣誓) = 선서
▶ せんばつ(選抜) = 선발
▶ しあい(試合) = 경기
▶ らくしょう(楽勝) = 낙승
▶ たいしょう(大勝) = 대승
▶ さんぱい(惨敗) = 참패

□ きょうていきょうぎ(競艇競技) = 경정 경기

- [ ] じょうばきょうぎ(乗馬競技) = 승마 경기

- [ ] せんしゅせんせい(選手宣誓) = 선수 선서
- [ ] せんせいをおこなう(宣誓を行う) = 선서를 하다

- [ ] せんばつしけん(選抜試験) = 선발 시험
- [ ] せんばつにもれる(選抜に漏れる) = 선발에 빠지다

- [ ] えんせいしあい(遠征試合) = 원정 경기
- [ ] しんぜんしあい(親善試合) = 친선 경기

- [ ] らくしょうがよそうされる(楽勝が予想される) = 낙승이 예상된다
- [ ] たいしょうをはくする(大勝を博する) = 크게 이기다

- [ ] いがいのさんぱい(意外の惨敗) = 의외의 참패
- [ ] さんぱいをきっする(惨敗を喫する) = 참패를 당하다

❾ 체조, 수영, 아령, 궁도, 유도, 검도 등 체육 종목 관련 어휘

▶ たいそう(体操) = 체조

- ▶ すいえい(水泳) = 수영
- ▶ あれい(亜鈴) = 아령
- ▶ きゅうどう(弓道) = 궁도
- ▶ じゅうどう(柔道) = 유도
- ▶ けんどう(剣道) = 검도

- □ としゅたいそう(徒手体操) = 맨손 체조
- □ しんたいそう(新体操) = 리듬 체조

- □ こくさいすいえいれんめい(国際水泳連盟) = 국제 수영 연맹
- □ すいえいをならう(水泳を習う) = 수영을 배우다

- □ あれいたいそう(亜鈴体操) = 아령 체조
- □ でんとうてきなきゅうどう(伝統的な弓道) = 전통적인 궁도

- □ じゅうどうぎ(柔道着) = 유도복
- □ じゅうどうのわざ(柔道の技) = 유도의 기술

- □ けんどうのしはん(剣道の師範) = 검도 사범
- □ けんどうのしなん(剣道の指南) = 검술 지도

❿ 야구, 투수, 포수, 타자, 안타, 타율 등 야구 관련 어휘

- ▶ やきゅう(野球) = 야구
- ▶ とうしゅ(投手) = 투수
- ▶ ほしゅ(捕手) = 포수
- ▶ だしゃ(打者) = 타자
- ▶ あんだ(安打) = 안타
- ▶ だりつ(打率) = 타율

- ☐ くさやきゅう(草野球) = 동네 야구
- ☐ やきゅうきょう(野球狂) = 야구광

- ☐ せんぱつとうしゅ(先発投手) = 선발 투수
- ☐ うわんとうしゅ(右腕投手) = 오른팔 투수

- ☐ ほしゅのかたがつよい(捕手の肩が強い) = 포수의 어깨가 강하다
- ☐ せんとうだしゃ(先頭打者) = 선두 타자

- ☐ ないやあんだ(内野安打) = 내야 안타
- ☐ さちゅうかんあんだ(左中間安打) = 좌중간 안타

- ☐ つうさんだりつ(通算打率) = 통산 타율

□ だりつのたかいせんしゅ(打率の高い選手) = 타율이 높은 선수

 **kotoba**

げいじゅつ(芸術) = 예술
がはく(画伯) = 화백
てんらん(展覧) = 전람
ぞうけい(造形) = 조형
でんどう(殿堂) = 전당
ちんれつ(陳列) = 진열
てんらんかい(展覧会) = 전람회
しょうぞうが(肖像画) = 초상화
ちゅうしょうが(抽象画)
= 추상화
はんが(版画) = 판화
おんかい(音階) = 음계
おんてい(音程) = 음정
せんりつ(旋律) = 선율
きごう(記号) = 기호
せいがく(声楽) = 성악
どくしょう(独唱) = 독창

しょうか(唱歌) = 창가
こうがい(慷慨) = 강개
えんそう(演奏) = 연주
どくそう(独奏) = 독주
ばんそう(伴奏) = 반주
すいそう(吹奏) = 취주
げきだん(劇団) = 극단
えんげき(演劇) = 연극
じょうえん(上演) = 상연
はいゆう(俳優) = 배우
こどうぐ(小道具) = 소품
だいほん(台本) = 대본
かげき(歌劇) = 가극
じょえん(助演) = 조연
げきじょう(劇場) = 극장
さつえい(撮影) = 촬영
ほうが(邦画) = 방화

kotoba

じょうえい(上映) = 상영
だんゆう(男優) = 남우
じょゆう(女優) = 여우
ぜっさん(絶賛) = 절찬
せんせい(宣誓) = 선서
せんばつ(選抜) = 선발
らくしょう(楽勝) = 낙승
さんぱい(惨敗) = 참패
きょうてい(競艇) = 경정
じょうば(乗馬) = 승마
しんぜん(親善) = 친선
あれい(亜鈴) = 아령

きゅうどう(弓道) = 궁도
じゅうどう(柔道) = 유도
けんどう(剣道) = 검도
としゅ(徒手) = 맨손
れんめい(連盟) = 연맹
しはん(師範) = 사범
しなん(指南) = 지도
とうしゅ(投手) = 투수
ほしゅ(捕手) = 포수
だしゃ(打者) = 타자
うわん(右腕) = 오른팔
ないや(内野) = 내야

としおいる(年老いる)
= 나이를 먹다
こがれる(焦がれる) = 동경하다

はくする(博する) = 얻다
きっする(喫する) = 당하다
もれる(漏れる) = 새다

제3부

빌 게이츠도 모르는 일본식 영어

1. 일본인이 만든 외래어

* アイ メート ; eye mate ; 맹인을 인도하는 개,
  영어로 seeing eye dog
* アゲンスト ウィンド ; against wind ; 역풍, 영어로 head wind
* イジー オーダー ; easy order ; 반 기성복, 영어로 made to order
* イメージ アップ ; image up ; 인상이 좋아짐,
  영어로 creating a better image
* イメージ ダウン ; image down ; 인상이 나빠짐
* イメージ チェンジ ; image change ; 인상을 바꿈
* ウェザー オール ; weather all ; 우산 양산 겸용
* ウエスト ボール ; waste ball ; 버리는 공, 영어로 waiste pitch
* ウエーティング サークル ; waiting circle ; (야구) 다음 타자가 기다리는 원을 그린 장소

* ガール ハント ; 놀이 상대 여성을 찾아다니는 일
* カメラ フェース ; camera face ; 사진발
* カラオケ ; 일본어 から(空)+orchestra ; 가라오케
* キー タッチ ; key touch ; 컴퓨터 자판, 영어로 key stroke
* キス マーク ; 키스 자국, 영어로 hickey
* グリーン スクール ; green school ; 녹색 학교
* クリーン ライス ; 씻지 않고 밥을 지을 수 있는 쌀
* グレード アップ ; gread up ; 격을 높임
* グローバル パワー ; 세계적 국가
* ゲーム セット ; game set ; 경기 종료
* ゲーム センター ; game center ; 게임 오락장
* ゲンギャラ ; 現金+guarantee ; 현금 출연료
* ゴー サイン ; go sign ; 어떤 일을 하라는 신호
* ゴール イン ; goal in ; 골인
* ゴールデン アワー ; golden hour ; (방송) 시청률이 높은 시간대, 영어로 prime time
* ゴールデン ウイーク ; golden week ; 황금 주간, 영어로 holiday-studded week
* コスト アップ ; cost up ; 생산 원가 상승
* コスト ダウン ; cost down ; 생산 원가 하락
* コンピューター アレルギー ; computer+allergy ; 컴퓨터 공포증
* ざいテク ; 財+technic ; 재 테크

* ウオーター ギャル ; water girl ; 접객업에 종사하는 듯 한 옷차림의 여성

* ウオーター ビジネス ; water business ; 물장사

* エアカー ; air car ; 공기 부양 선박이나 차량

* エア ガール ; air girl ; 여자 승무원

* エア ポート ; air pot ; 위에서 눌러 물을 따르는 보온병

* オージー パーテイー ; orgy party ; 난교 파티, 영어로 orgy

* オーダー メード ; 맞춤 제품, 영어로 made to order

* オナる ; (독) Onanie+(일본어 동사 어미)る ; 자위 행위를 하다

* オーバー ドクター ; over doctor ; 박사 실업자

* オフィス ラブ ; office love ; 사내 연애

* オフコン ; office computer : 사무용 컴퓨터

* オーフン セット ; open set ; (촬영) 야외 세트, 영어로 outdoor set

* オールド パワー ; old power ; 노인층의 사회적 영향력

* オールド ミス ; old miss ; 노처녀

* オール バック ; all back ; 올백, 영어로 straight back

* ガード マン ; guard man ; 경비원

* カード ローン ; card loan ; 카드 회원 대출

* カプセル ホテル ; capsule hotel ; 캡슐 호텔

* サイド ビジネス ; side business ; 부업

* サイド ブレーキ ; side brake (자동차) 수동 브레이크

* サイド プレーヤ ; side player ; (연극) 조연
* サイドリーダー ; side reader ; 부독본
* シティーガール ; city girl ; 도시풍의 젊은 여성
* シネ サイン ; cine sign ; 전광판
* シャープ ペンシル ; sharp+pencil ; 샤프 펜슬
* ショート カット ; short+cut ; 쇼트 커트, 영어로 short hair
* シルバー エイジ ; silver age ; 고령층
* シルバーさんぎょう ; silver産業 ; 실버산업
* シルバー シート ; silver+seat ; 노약자 우선 좌석
* シルバーぞく ; silver族 ; 고령자
* シルバー プラン ; silver+plan ; 노후의 설계
* シルバー マンション ; silver mansion ; 노인 전용 아파트
* スカイ パーキング ; sky parking ; 빌딩식 주차장
* スカイランド ; skyland ; 옥상 전망대
* スキンシップ ; skin ship ; 피부 접촉
* スターウオッチング ; star watching ; 별을 관찰하는 모임
* ステージ ママ ; stage mama ; 아역 배우 매니저 역할을 하는 어머니
* スパイク タイヤ ; spike tire ; 스파이크 타이어
* スピード ダウン ; speed down ; 속도 줄임, 영어로 slow down
* スプリング コート ; spring coat ; 스프링 코드, 영어로 topcoat
* セルモーター ; cell+moter ; 시동 모터

* タイトル バック ; title back ; 배경 화면
* タイム アップ ; time up ; 시간이 다 됨
* タイ レコード ; tie record ; 전의 신기록과 같은 기록, 영어로 equal record
* タッチ アウト ; touch out ; 터치 아웃
* ダブる ; double+る ; 중복되다
* ダブル スパイ ; double spy ; 이중 스파이, 영어로 double agent
* チア ガール ; cheer girl ; 여자 응원 단원, 영어로 cheer leader
* チーム カラー ; team color ; 팀의 개성
* チーム プレー ; team play ; 팀 플레이
* チキンライス ; chickin rice ; 치킨 라이스
* チャレンジ アド ; challenge ad ; 도전 광고
* チャンス メーカー ; chance maker ; 찬스 메이커
* デート スポット ; date spot ; 데이트 하기 좋은 장소
* テーブル スピーチ ; table speech ; 연회 마지막에 하는 간단한 인사말
* テーマ ミュージック ; Thema music ; 테마 뮤직
* デザート コース ; dessert course ; 디저트 코스
* デジパチ ; digital+パチンコ ; 디지털 파친코
* デス マッチ ; deach match ; (격투기) 사투, 영어로 fighting to the last
* ドア アイ ; door eye : (문) 밖을 내다보는 구멍

1. 일본인이 만든 외래어

* トイレ タイム ; toilet time ; (방송) 광고 시간
* トップ レディー ; 화려하게 활약하는 여성
* トラブる ; trouble+る ; 말썽을 일으키다
* ナイター ; nighter ; 야간 경기
* ナイトショー ; night show ; 나이트 쇼
* ニュー ボイス ; new voice ; 신인 가수
* ニュー ライフ ; new life ; 새로운 생활 양식
* ネット イン ; net in ; 네트 인
* ネット タッチ ; net touch ; 네트 터치
* ノークラッチ ; no clutch ; (자동차) 자동 변속 장치,
　　　　　　　영어로 automatic transmission
* ノー ゲーム ; no game ; 무효 경기
* ノータッチ ; no touch ; 노 터치
* ノーマーク ; no mark ; 노 마크
* ノーミス ; no miss ; 잘못이 없음
* バイオ しょくひん ; biotechnology+食品 ; 유전자 변환 식품
* バイキング りょうり ; Viking+料理 ; 바이킹 요리
* バキューム カー ; vacuum car ; 분뇨 수거차
* バス ガイド ; bus guide ; 관광버스 안내원
* パンダイスト ; panda+ist ; 팬더를 아주 좋아하는 사람
* ハンド マネー ; hand money ; 계약금
* ビデオ ホール ; video hall ; 공개 녹화 홀

* ピンク えいが ; pink+映画 ; 포르노 영화

* ブルー カラー ; blue collar ; 공장 노동자

* ブルー デー ; blue day ; 생리일

* フル ベース ; full base ; 만루

* ブルー ボーイ ; blue boy ; 여성으로 성전환 한 남자

* フル メンバー : full member ; 전원

* プレー スポット ; play spot ; 환락가

* フレンド マッチ ; friend match ; (경기) 친선 시합

* フロアレディー ; floor lady ; (술집) 접대 여성

* ペア ルック ; pair look ; 남녀가 같은 색깔의 옷을 입는 것

* ベース アップ ; base up ; 임금 인상

* ベッド タウン ; bed town ; 베드 타운

* ペーパ テスト ; paper test ; 필기 시험

* ホワイトカラー ; white collar ; 사무직 노동자

* マウスフィーリング ; mouth feeling ; 입맛

* マイカー ; my car ; 자가용

* マイ ペース ; my pace ; 마이 페이스

* マイ ホーム ; my home ; 내 집

* マス レジャー ; mass leisure ; 대중적인 여가 활동

* マダム キラー ; 유부녀를 홀리는 남자

* マネービル ; money building ; 재산 증식

* ミスショッピング ; misshopping ; 물건 구매 실패

* メイルクローン ; male clon ; 남성처럼 변한 여성
* メーン スタンド ; main stand ; 특별 관람석
* メーン バンク ; main bank ; 주거래 은행
* モーニングコール ; morning call ; 영어로 wake-up call
* モンキー スパナ ; monkey spanner ; (공구) 멍치 스패너
* ヤング タウン ; young town ; 젊은이들의 거리
* ヤング ミセス ; 젊은 주부
* ライス カレー ; rice curry ; 카레라이스
* ラストヘビー ; last heavy ; 마지막 분투(안간힘)
* ラブ ハント ; love hunt ; 사랑을 찾아다니는 일
* ラブ ホテル ; love hotel ; 정사를 위한 호텔
* リクルート カット ; recruit cut ; 취직 면접 대비 머리형
* リビング キッチン ; living kitchen ; 거실을 겸한 방
* リヤカー ; rear car ; 리어카
* リング ブック ; ring book ; 링 북, 링 노트
* ルーム クーラー ; room cooler ; 실내 냉방 장치
* レベル アップ ; level up ; 수준을 높이는 일
* レベル ダウン ; level down ; 수준을 낮추는 일
* ロリータ コンプレックス ; Lolita complex ; 소아 성애 심리
* ワン タッチ ; one touch ; 원 터치

2. 일본식 준말

* アクセル ; accelerator ; (자동차) 액셀, 가속 장치
* アジプロ ; agitation propaganda ; 선동적인 선전
* アチーブ ; achievement test ; 학력 검사
* アニメ ; animation ; 만화 영화
* アパート ; apartment house ; 집합 주택, 참고로 일본인들은 고급 아파트를 ハイツ(heights) 또는 マンション(mansion) 이라고 한다.
* アマ ; amateur ; 아마추어
* アルミ サッシュ ; aluminum sash ; 알루미늄 새시
* アングラ ; underground ; 언더그라운드
* アンダー スロー ; underhand throw ; 언더핸드 스로우

* イージー ペイメント ; easy payment system ; 할부
* イラスト ; illustration ; 삽화
* イラスト マップ ; illustration map ; 삽화를 그려 넣은 지도
* インタカレッジ ; intercollegiate game ; 대학 대항 경기
* インタハイ ; inter-high school athletic meet ; 고등학교 대항 경기
* インテリ ; (러) intelligentsia ; 지식층
* インテリア スケープ ; interior landscaping ; 실내 수목 인테리어
* インテル ; interlinear leads ; 활자 간격을 두기 위해 끼우는 나무
* インフレ ; inflation ; 인플레이션
* インポ ; (독) Impotenz ; 남성의 성적 불능
* エア コン ; air conditioner ; 에어컨
* エレキ ギター ; electric guitar ; 전기 기타
* エロ グロ ; erotic grotesque ; 색정적이고 괴기적임
* エンゲージ リング ; engagement ring ; 약혼 반지
* エン スト ; engine stop ; (자동차) 엔진이 정지하는 것
* オートメ ; automation ; 자동 제어 장치
* オーバー スロー ; overhand throw ; 오버핸드 슬로우
* オーバー フェンス ; over the fence ; 홈런
* オフレコ ; off the record ; 오프 더 레코드
* オールド ファッション ; old fashioned ; 유행에 뒤진
* カメラ ルポ ; camera reportage ; 사진 위주 탐방 기사

* グラマー ; glamorous ; 육체적인 미인

* ケアレス ミス ; careless mistake ; 부주의로 인한 실패

* ゲート ボール ; gate ball ; 게이트 볼

* コンセント ; concentric plug ; 콘센트, 영어로 wall socket

* コンビ ; combination ; 짝

* コンビニ ; convenience ; 편의점

* シーエム ; Commercial Message ; 광고 문구

* シスコン ; system component ; 시스템 컴포넌트

* シネスコ ; CinemaScope ; 시네마스코프

* ショート トラック ; short track race ; 쇼트 트랙

* スキゾ ; schizophrenia ; 스킷서프리니어, 정신 분열증

* スケボー ; skateboard ; 스케이트보드

* ストック ジャック ; stock highjack ; 주식의 매점에 의한 기업 매수

* スパコン ; supercomputer ; 슈퍼컴퓨터

* スモコロジー ; smoke ecology ; 금연 운동

* スロービデオ ; slow motion video ; 슬로 모션 비디오

* セクスタジー ; sex ecstasy ; 성적 도취

* セミプロ ; semiprofessional ; 반직업 선수

* ダース ; dozen ; (연필) 타스

* ダイア ; diamond ; 다이아몬드

* デモ ; demonstration ; 데먼스트레이션

* テレカ ; telephoon card ; 전화 카드

* テレビ コンテ ; television continuity ; 텔레비전 방송 대본

* テロ ; terrorism ; 테러리즘

* ニス ; varnish ; 바니시

* ネガ カラー ; negative color filim ; 네거티브 컬러 필름

* ネック ; bottleneck ; 장해

* ノンポリ ; nonpolitical ; 정치에 무관심한 사람

* ハイテク ; high technology ; 첨단 기술

* ハイヒール ; high-heeled shoes ; (여성) 굽이 높은 구두

* ハイライト ; highlighting ; 가장 중요한 장면

* バリコン ; variable condenser ; 가변 축전기

* バール ; crowbar ; (공구) 쇠지레

* ハンスト ; hunger strike ; 단식 파업

* バンスト ; panty stocking ; 팬티 스타킹

* ハンド マイク ; hand microphone ; 휴대용 마이크

* ピアス ; pierced earring ; 귓불에 구멍을 뚫고 다는 귀걸이

* ピーアール ; PR. public relations ; 선전 활동

* ビーチ バレー ; beach volleyball ; 모래사장 수영복 배구

* ファックス ; facsimile ; 팩시밀리

* プレスコ ; prescoring ; 사전 녹음

* プロ ; professional ; 직업적인, 전문적인

* ペンチ ; pinchers ; (공구) 펜치

* ホーム シック ; homesickness ; 향수병

* ボール ペン ; ballpoint pen ; 볼펜

* マイク ; microphone ; 마이크로폰

* マイク ロケ ; mike location ; 현지 방송

* マスコミ ; mass communication ; 매스컴

* マフラ ; muffler ; 목도리

* ミシン ; sewing machine ; 재봉틀

* メカトロ ; mechatronics ; 메카트로닉스

* メータク ; meter taxi ; 미터기가 달린 택시

* メモ ; memorandum ; 메모

* モービルゆ(油) ; mobil oil ; 모빌 오일

* ルポ ライター ; reportage writer ; 탐방 기자

* レザー クロース ; leather cloth ; 인조 피혁

* ロス タイム ; loss of time ; 낭비 시간

* ローヒール ; low heeled shoes ; 굽 낮은 여성용 구두

* ワイド レンズ ; wide angle lens ; 광각 렌즈

3. 정도가 심한 일본식 발음

* オーライ ; all right ; 좋다, 알았다
* ギャラ ; guarantee ; 개런티, 출연료
* グー ; good ; 좋음
* ケーブル テレビ ; cable television ; 케이블 텔레비전
* コープ ; cooperrative ; 생활 협동조합
* コーポラス ; corporate+house ; 철근 구조의 분양 아파트
* ゴロ ; grounder ; 땅볼
* コンペ ; competition ; 건축 설계의 공모
* サラダ ; salad ; 샐러드
* サラダ ガール ; salad girl ; 신선하고 발랄한 여자 아이
* サントラ ; sound track ; 사운드 트랙

* ステアリング ; steering wheel ; (선박) 조종 장치
* タイヤ ; tire ; 타이어
* テーブル マナー ; table manners ; 테이블 매너
* ドーナツ ; doughnut ; 도넛
* ドラム ; drum ; 드럼
* トラック ; truck ; 트럭
* ナイティー ; nighties ; 잠옷
* ネーム バリュー ; name value ; 지명도, 영어로 fame
* バース ; perspective ; 원근법
* バック ; back ; 백
* ハズ ハント ; husband hunt ; 남편 구하기
* バランス ; balance ; 밸런스
* ハヤシ ライス ; hashed+rice ; 해시 라이스
* パンク ; puncture ; 펑크
* ビル メンテナンス ; building maintenance ; 빌딩 관리
* ヒロポン ; Philopon ; 필로폰
* ピント ; (네) brandpunt ; 핀트
* ビンディング ; Binding ; (스키) 신을 죄는 도구
* ブラジャー ; brassiere ; 브래지어
* プリン ; pudding ; 푸딩
* ブレーキ ; brake ; 브레이크
* ペンチ ; pinchers ; (공구) 철사를 끊는 공구

* ペンキ ; (네) pek ; 페인트
* ポプラ ; poplar ; 포플러
* ポンプ ; pomp ; 펌프
* マル チョイ ; multiple choice ; 다지 선택형 시험
* メリケン ; American ; 미국인
* メンチ ボール ; mince ball ; 민스볼
* モデルノロジー ; modernology ; 모더놀로지
* レール ; lail ; 레일
* レジ : repister ; 다방 종업원
* ロース ; roast ; (소, 돼지) 불고기에 알맞은 어깨살
* ロコ ; local ; 그 고장 사람
* ロンパリ ; London+Paris ; 사팔뜨기

4. 일본인이 짜 맞춘 외래어

* アナデジ ; analog+digital = 아날로그 방식과 디지털 방식을 모두 갖춘 시계
* アン シンメトリ ; un+symmetry ; 비대칭, 영어로 asymmetry
* ウレタン フォーム ; Urethan+form ; 발포 합성 고무
* エア シュート ; air + shooter ; 공기 수송관
* エコ ビジネス ; eco+business ; 지구 환경 보호 사업
* エコ マーク ; eco+mark ; 재활용 마크
* オート キャンプ ; auto+camping ; 자동차 여행
* オート ストップ ; auto+stop ; (카메라) 자동 정지 장치
* オート ドア ; auto+door ; 자동문
* オート フォーカス ; auto+focus (카메라) 자동 초점
* オート ラジオ ; auto+radio ; 자동차용 라디오

* オーフィス レディー ; office+lady ; 여자 사무원
* オームライス ; ome+rice ; 오므라이스
* ガム テープ ; gum+tape ; 접착 테이프
* キック ボクシング ; kick+boxing ; 킥복싱
* キーポイント ; key+point ; 요점
* キャッチ ボール ; catch+ball ; 캐치볼
* キャピング カー ; camping+car ; 캠핑카
* クリーム ソーダ ; cream+soda ; (식) 크림 소다
* グループ サウンズ ; group+sounds ; 그룹사운드
* クレパス ; (프) crayon+pastel ; 크레파스
* コイン ランドリー ; coin+laundry ; 동전을 넣고 이용하는 자동 세탁소
* コイン ロッカー ; coin+locker ; 동전을 넣고 이용하는 짐 보관함
* ジェットコースター ; jet+coaster ; 제트 코스터
* シャツ ブラウス ; shirt+blouse ; 와이셔츠 모양의 여성 블라우스
* ジャンパー スカート ; jumper+skirt ; 소매가 없는 내리닫이 여성복
* シンボル カラー ; symbol+color ; 어떤 사물을 상징하는 색채
* シンボル マーク ; symbol+mark ; 상징 표식
* スイート ルーム ; suite+room ; 스위트 룸
* スタート ライン ; start+line ; 스타트 라인
* テクノサウンド ; techno+sound ; 기계를 이용한 음향 효과

* テクノスタシー ; techno+ecstasy ; 기술에 도취해 황홀해 하는 일
* テクノマート ; techno+mart ; 기술정보 거래시장
* テレホン サービス ; telephone service ; 텔레폰 서비스
* ドライカレー ; dry+curry ; 드라이 카레
* ドライブ マップ ; drive+map ; 자동차 주행용 지도
* トレード マネー ; trade+money ; 이적료
* トレーニング シャツ ; training+shirts ; 트레이닝 셔츠
* ナースステーション ; nurse+station ; 간호사 대기소
* ヌード ショー ; nude+show ; 누드 쇼
* ネクタイ ピン ; necktie+pin ; 넥타이핀
* ノンセクション ; non+section ; 특별한 기준이 없음
* ノンセクト ; non+sect ; 무당파
* ノンプロ ; non+professional ; 비전문가
* ハイ カラ ; high+collar ; 멋쟁이
* ハイ センス ; high+sense ; 취미가 고상함
* ハイ タレント ; high+talent ; 전문 지식과 특수한 능력을 지닌 사람
* ハイ ティーン ; high+teen ; 10대 후반의 청소년
* ハウス カード ; house+card ; 백화점 이용 카드
* バター ボール ; butter+ball ; 버터볼
* バック ミラー ; back+mirror ; 백미러

* バックライト ; back+light ; 무대 뒤쪽에서 비추는 조명
* バトンタッチ ; baton+touch ; 다음 주자에게 배턴을 넘기는 일, 영어로 boton pass
* ハムサラダ ; ham+salad ; 햄 샐러드
* ビジニスホテル ; business+hotel ; 영어로 economy hotel
* ビーチパラソル ; beach+prasol ; 비치 파라솔
* ビニールハウス ; vinyl+hause ; 비닐 하우스
* ファイトマネー ; fight+money ; 대전료
* ブックカバー ; book+cover ; 책 커버
* フリーサイズ ; free+size ; 프리 사이즈
* フリーダイヤル ; free+dial ; 무료 통화
* フリータックス ; free+tax ; 면세
* フリートーキング ; free+talking ; 프리 토킹
* ヘルスセンター ; health+center ; 헬스 센터
* ヘルスメーター ; health meter ; 가정용 체중계
* ホームドクター ; home+doctor ; 주치의
* ホームドレス ; home dress ; 홈 드레스
* ミニレター ; mini+letter ; 봉함엽서
* ミルクキャラメル ; milk+caramel ; 밀크캐러멜
* モダンガール ; modern+girl ; 현대 여성
* モダンボーイ ; modern+boy ; 현대 청년
* ランニングシャツ ; running+shirts ; 러닝셔츠

* リース マンション ; lease mansion ; 임대용 아파트
* ループ タイ ; loop+tie ; 끈 모양의 넥타이
* ロマンス グレー ; romance+gray ; 흰머리가 난 매력적인 중년 남자

구태훈

성균관대학교 문과대학 사학과 명예교수.『일본학보』편집위원장, 일본역사문화학회 회장, 한국일본학회 회장 등 역임.

리사이클링으로 잡는 일본어

발행인	구자선
펴낸날	2024년 2월 22일
발행처	(주)휴먼메이커
주 소	경기도 용인시 기흥구 강남서로 9 아카데미프라자 8층 825호
	전화 : 070-7721-1055
이메일	h-maker@naver.com
등 록	제2017-00006호

ISBN 979-11-982304-6-1(03730)
정 가 21,000원